Scicus

読売新聞 東京本社編集局 編集委員 猪熊律子

#社会保障、はじめました。

高校生・大学生がポジティブに語ってみたら、

はじめに・・・

読売新聞社内に「社会保障部」という部署ができたのは、２０００年３月のことです。21世紀は少子高齢化がますます進み、人々の「暮らしの安心」を支える社会保障が重要になるからと、専門に取材する部署が作られたのです。

１９９８～９９年の１年間、アメリカで高齢社会問題を学び、帰国後、１９９９年11月に読売新聞社が出した社会保障に関する初の提言報道に携わった私は、部の創設メンバーの一人となりました。それまでにも少子化や高齢化の取材はしていましたが、社会保障の理念や歴史、各制度の仕組みを体系立てて学び、この分野の課題に本格的に取り組んだのは社会保障部に来てからのことです。

国内外での取材を続け、仕事の傍ら大学院で社会保障を税・財政面から勉強するうち、「あれ？」と思うことが増えてきました。１００兆円規模となった社会保障に対し、多くの人が情報を発信するようになりましたが、社会保険と民間保険の違いを無視して、損得論で語る論調が増えてきたためです。また、「年金破綻」「医療崩壊」など、不安や不信、世代間対立をあおるだけの報道も目立ち、これは何とかしなくてはと思うようになりました。

もちろん、現行制度には課題が山積みです。しかし、社会保障なしに我々の生活は成り立ち

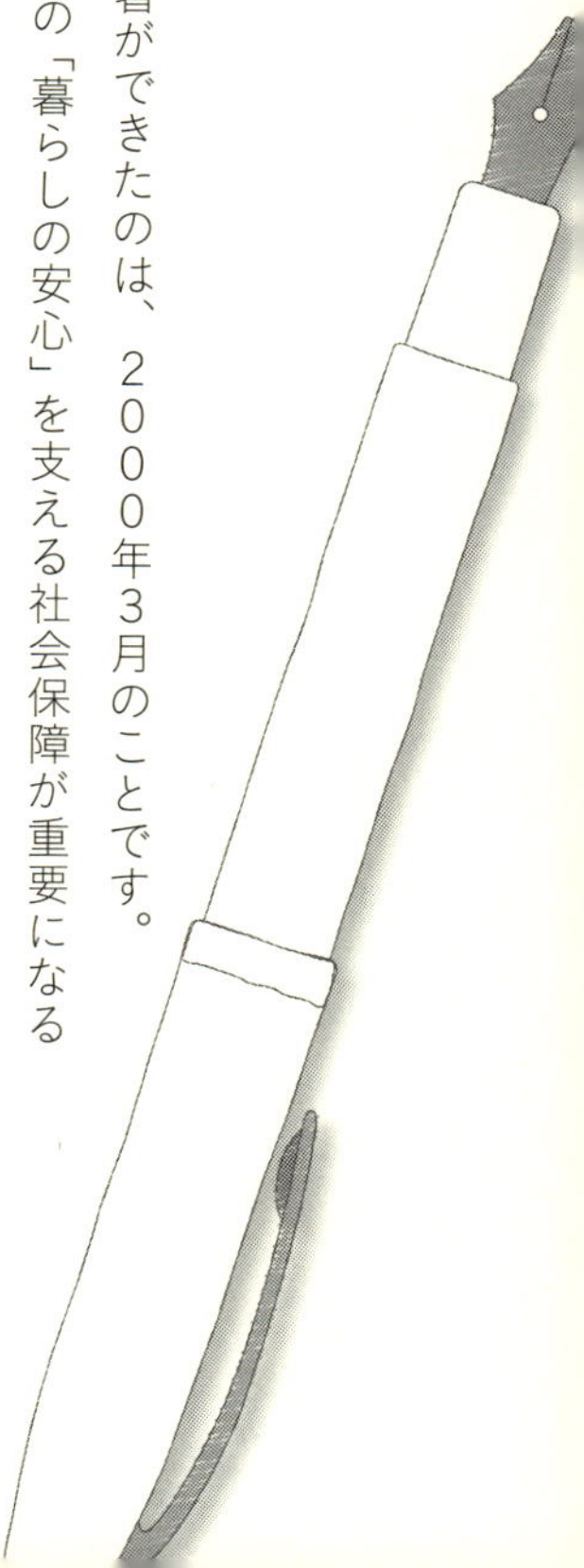

ません。現在の制度には、その仕組みが選ばれてきたそれなりの理由があるはずですから、過去の経緯を知り、同様の課題に悩む海外の制度も知った上で、今の時代に合った仕組みを考える建設的な議論が欠かせないと思ったのです。

そうした思いから、２０１３年５月から２０１４年３月にかけて、読売新聞（ＹＯＭＩＵＲＩ
ＯＮＬＩＮＥ）の医療・健康・介護サイト「ｙｏｍｉＤｒ．（ヨミドクター）」上で、コラム「一緒に学ぼう　社会保障のＡＢＣ」を24回にわたり掲載しました。とりわけ、これからの時代を担う若い人たちに、社会保障に対する理解を深めてほしいという願いを込めて執筆しました。コラムでは、「国民皆保険・皆年金」の成り立ちや、なぜ日本の制度が社会保険方式中心となっているのかなど、歴史的背景に重点を置くとともに、海外事情も、自分の取材経験を含めてできるだけ盛り込むようにしました。

社会保障の基礎を紹介したこのコラムに興味・関心を持ってくれたＳＣＩＣＵＳ（サイカス）社から、書籍化の申し出がありました。打ち合わせの過程で、かねてから取材テーマの一つであった「若者の声を聞く」ことを反映させようという話になり、高校、大学の先生方のご協力で、２０１７年に２回にわたり、社会保障に関心がある学生計16人（東京都立国際高校、慶應義塾大学、帝京大学、流通経済大学の各学生）の生の声を聞くことができました。

当初、若者の声を聞いた後、高齢者にも話を聞き、若者と高齢者がそれぞれの立場で語り合う「世代間対話」をすることを考えました。世代間格差を強調し、対立をあおるためではありません。むしろ、各世代が感じていることを伝え合い、今後のより良い制度を築くきっかけにしたいと思ったのです。

それはそれで面白い企画になったと思いますが、若者たちの同世代の対話は予想以上にクリエイティブかつ建設的で、面白いものでした。「社会保障の本質は何か」から始まって、健康であるためのインセンティブ（動機付け）をどう考えるか、「こども保険」など子育て支援の財源は誰が負担すべきかなど、大人でもこんな議論はできないのではと思うような発言のオンパレードでした。そのため、今回は若者同士の「同世代対話」でまとめることにしました。

「社会保障教育」に関する提案を若者世代から聞けたのも大きな収穫でした。「制度の正確な知識や理解を広めるにはどうしたらよいか」「社会保障を『自分事《ごと》』としてとらえるためにはどんな教育が必要か」は、この分野の報道に長く携わる中で、私の中で大きく膨らんでいるテーマです。一見地味ですが、少子高齢化、長寿化、単身化、人口減少が進む一方、社会保障にかかる費用が国内総生産（ＧＤＰ）の約2割に相当する規模にまで膨らんだ今の日本で、重要な報道テーマの一つだと考えています。

さらに、集まりの後で、「社会保障について語り合えて楽しかった」「こういう場がこれまでなかった。もっとほしい」という声が学生から上がったのは意外であり、印象的でした。そう、社会保障は、語り合うのに大変魅力的なテーマなのです。給付や負担の対象や範囲をどうするか、財源をどうするか、国の関与の度合いはどれぐらいが適切かなど、話し合う題材はたくさんあります。

世界には、国の関与はできるだけ小さい方がよいとの考えに基づき、制度を構築している国がある一方、国の大きな関与をよしとする国もあります。どちらが絶対的に「正しい」とか「正しくない」といったことではありません。制度はその国の国民性、具体的には、その国の人々が何を「公平」と思うかによって変わってきます。その時代の人口構成や経済・財政・政治状況、人々の価値観や倫理観、社会の成熟度……それらを反映した姿・形が社会保障といえます。

社会保障というと、「制度がフクザツで、コムズカシくて、ワカリニクイ」という声をよく聞きます。確かに、例外規定が多い上、創設時から時間が経つにつれてツギハギ部分が増えて、分かりにくいと感じます。法律の条文や専門用語も分かりにくく、どうしてもっとやさしく、分かりやすくできないのかと思うこともしばしばです。それらの改善を図る必要はありますが、それで社会保障への興味・関心を失わないでほしい。

社会保障は、人類が生み出した知恵といわれます。病気や失業など、自分一人では抱えるのが難しい生活上の困難をみんなで支え合うことで、個人の生活の安心が得られるだけでなく、それが社会の安定につながります。「所得再分配」という機能があることにより、資本主義社会が抱える欠点（極端な所得格差や貧困問題、弱肉強食型社会の出現など）を補う役割も果たしています。さらに、社会の近代化は個人に職業選択や居住、生き方の自由をもたらしましたが、それにより失われた「地域社会の支え合い」を代替する機能もあります。

制度の細かい決まり事を覚えるよりも、まず、社会保障が、人類が築いてきた知恵だということを知り、「この仕組みは何のためにあるのか」といった観点から、社会保障を「はじめて」みてほしい。そして、社会保障を「自分事」としてとらえ、自分や周囲の人たちの「生きやすさ」を支える制度になっているか、もしそうなっていなければどこを改善していけばよいかを、具体的かつ現実的に考えてみてほしい――。

社会保障への理解や関心を高めるために、この本がいささかなりとも役立つことができれば幸いです。

2018年5月・・・・・・・・・・・・・猪熊律子

#社会保障、はじめました。
高校生・大学生がポジティブに語ってみたら、

目次

#社会保障、はじめました。

立ちすくむ国を生き抜くために知りたかったので、

目次

本の表と裏どちらからも読めるよ。

本書は、「両面表紙」構成となっていて、
本の表と裏どちらからも読めます。
パートごとにページ番号の表記法を
変えています。
イマココ
〇〇一〜一二一頁
漢数字の
ページ番号
P.001〜109
アラビア数字の
ページ番号

社会保障、はじめます。

#社会保障はじめました #若者世代による社会保障の本づくり
#企画編集会議 #社会保障の発信方法 #漫画

漫画：黒丸 恭介

社会保障に興味を持つ十数人の高校生・大学生が集まった
『若者世代による社会保障の本づくりのための企画編集会議』第2回。
読売新聞東京本社会議室
本日は社会保障教育の「世代内格差」について考えていきましょう
第1回会議では若者と高齢者という世代間格差よりも
同世代内の知識や理解の格差が課題ではないかという意見が出ていた……。
猪熊 律子
流通経済大学
百瀬 優 先生

#社会保障の基本（年金、医療保険など）が知りたい→P.001～

それでは都立国際高校の皆さんから
ハイ!!
自分は社会保障の勉強をする前は
税金とかそういうものは
お父さんが勝手にやってくれるイメージでした
でも、最近18歳になって自分も将来父親になって家庭を担うと考えたら
18
??
制度
← 大人
知らないでいるのはとても怖いことだと思いました
早いうちにいろいろ理解しておくのが大事だなって

じゃあどうやって社会保障の知識を伝えるのか？
学校の教科書だけでは単純すぎて分からないし……
ワークショップ
友人へ説明
たとえばこういった会に参加して
僕らのように勉強した人が友人などに説明するのが第一歩かなと感じました
ありがとうございます
ではお隣の……
はい
よろしくお願いいたします
社会保障を勉強して一番の大きな変化としては
これも!!
テレビCMを見たとき
病院に行ったときとか
それまではお堅いイメージで
自分の生活の中で
社会保障を実感する機会が増えたこと

あと
知って驚いたのは
社会保障にも
国のカラーが
あって
国のカラー？
その国の国民性や
重んじられている
価値観
倫理観などが制度に
すごく影響するんだなと
発信方法については
私たちの世代では
やはりデジタルが
強い印象があります
本や教科書も
大事なんですが
情報媒体として
なじみがあるのは
SNSだったりします
なるほど……

そういうものもうまく活用すれば若い人たちに
より手軽に身近に感じてもらえる機会が増えるんじゃないかなって……
ありがとうございます
その後も海外との差に驚いたという意見や
体験型イベントが情報伝達に有効ではとの意見が続く
皆さんありがとうございました
──次は帝京大のお二人に
私は正直勉強とか好きじゃない人間で……
大学のゼミで年金を研究していて切り口が年金からでした
役所
そこから社会保障について調べてみたら
膨大な情報量で……

とにかく「量が多い」という状況で それをしっかり全員に発信するとなると
義務教育から授業として 取り入れた方がよいのかなと感じました
私も彼と同じく
ゼミでは年金をテーマにしています
大学生の次のステップとして社会人になった時に役立つことは何かと考えて
今後ずっと関わっていく年金、社会保障を学びたいと思ったのが勉強のきっかけでした

勉強する前は
ただなんとなく
年金の保険料などを
納めていましたが
最近は
病院に行っても
実際の医療費や
どの部分が
私の負担に
なっているのかを
考えるように
なりました
そうしたら
一緒に住んでいる
祖父母の医療にも
目が向くように
なって
家庭内でも
そういった会話が
増えたんですよ
ご家族と
社会保障の話を？
はい
自然と……

発信方法については小さい子どもの頃から
講師の方に来てもらったり
少人数でちゃんと目を見て話せる機会がある方が
記憶に残るのかなと
ありがとうございました
では……
続いて流通経済大の皆さん
社会保障を学ぶ前と後で
私は正直言って
特に大きな変化は感じていません
自分で納めていないので…
ただ
3年生のゼミで社会保障を学び始めて
無知って怖いなって思って……

＊障害年金→一一七頁
＊年金保険料の納付期間→一一八頁

先人の作ってくれた制度がだんだん古くなっていって
現代に合わせて変えていかなくてはいけないということも分かってきました
社会保障の発信方法については
SNSや義務教育の充実もいいんですが
自分は見方を変えて
若者が集まるイベントで社会保障のブースを作って発信するとか
意外性でニュースに取りあげられたり
SNSで拡散されたりもするし
若者が社会保障に触れる機会を作れるといいのかなと思いました
ありがとうございました
それでは最後に
慶應義塾大学の皆さん

私が社会保障を勉強する前は
いざという時に社会保障に頼ることができるのか不安が大きかったんですけど
雇用保険
学んだ後は自助の上で一定の安心感、確実な利益を得られる制度だと実感できたのが大きいです

社会保障はどの年代にも関わるので制度を利用するタイミングで確実に正しい情報が届くように
高校の授業
新入社員
40歳 介護保険
65歳 年金
年金手帳
人生の「節目」に注目して伝える機会を作ることが重要かなと思いました

社会保障を勉強して感じたことは
国の制度ってすごく複雑なんだということです
目の前の損得には関心が高くなるけれど
複雑な制度自体には関心がいかない状況があると思います
高校のときは「年金は破綻するぞ」なんて言っている友人がいると
制度のことを知っていて賢いなとか思っていたけど
実際に自分で勉強してみると間違っている
他の人の話すことを気軽に信じられないと思いました……
伝え方については
まず当事者意識を持つこと
でもこれは不確実ですよね
なので

周りも読んでいるから自分も読もう！とか
そういうインセンティブを働かせたりトレンドを作ることかなと
勉強しないとー!!
その後も
以上です
さまざまな意見が出る
社会保障は生活リスクへの事前対処であること
国の制度は自分たちが不安になるほど危ういものではないこと
社会保障がない場合のリスクも伝えるべきでは……など
そろそろ時間ですね
百瀬先生
最後に何かありますか？
僕がいいなと思った点がいくつかありまして

一つは、社会保障がない世界を想像してもらう
安心
不安
保障
これがすごく大切だと思います
特に関心のない人にどう届けるかなんですよね
社会保障を知らないと損することを伝える
それから
親の影響は大事だと思います
年金も親が「破綻する！」なんて言っちゃうと
その情報が子どもに刷り込まれてしまう
先生のおっしゃるようにうちの父も
社会保障のゼミを取ると伝えたら
年金が破綻するという話を
されると思うが―なんて言われちゃいまして……
説得できました？
気が強い人でなかなか……

それでは いよいよ
「社会保障の哲学カフェ」の時間が始まります
◎「公平」とは何か?
◎社会保障は高齢者偏重?
◎「損する」とは?「得する」とは?
◎安心を得るとは?
社会保障の根っこについて話して、聴いて、考えていきましょう!

社会保障の知識をどう伝えるか――。会議では、若者たちがさまざまな提案をしてくれました。社会保障の発信方法として、SNSをあげる人が多かったのは、やはりというかんじです。個人的にも、たとえば、インスタグラムを使った面白い社会保障教育ができないものだろうかと思います。社会保障を題材にした動画コンテストもいいかもしれません。

その一方で、「SNSはあくまで入り口。活字をじっくり読んで学んだ方が記憶に残る」という声もあり、印象に残りました。

また、匿名だったり、事実確認がどこまでできているかが分からなかったりするSNS媒体の危うさを指摘する声が多く聞かれたことも印象的でした。そう、「誰が」「何を」「どんな意図で」発信しているかは、媒体にかかわらず、常に確認が必要です。

「高校生の時、年金は破綻すると話す友人を賢いと思ったが、後で勉強すると間違っていた。他人の言うことを気軽に信じられないと思った」という声も、興味深く聞きました。「破綻」という言葉は確かに目をひきやすいのですが、その言葉を信じる前に自分で確認すべきことがあります。たとえば、現在の制度体系と財政状況、破綻の根拠とその客観的妥当性、これまで破綻の危機はなかったかといった過去の経緯など……。それらをぜひ学んでほしいし、その上で発信されていることに耳を傾けてほしい。だから、「誰が」「何を」「どんな意図で」発信しているのかが重要になるのです。

そして、できればそれにプラスして、自分の意見や対案もぜひ発信してほしい。対案は特に建設的なものを意識してほしい。ちょっとドキドキしながら自分の考えを言葉にする面白さや、いろいろな意見を聞く楽しさを、これからもたくさん味わってもらいたいと思います。(猪熊)

社会保障の哲学カフェ、はじめました。

#社会保障はじめました #哲学カフェ #みんなの考え #議論
#ざっくばらんに語り合える #同世代とつながりたい

「社会保障の哲学カフェ」について

～社会保障を哲学的に考える試み

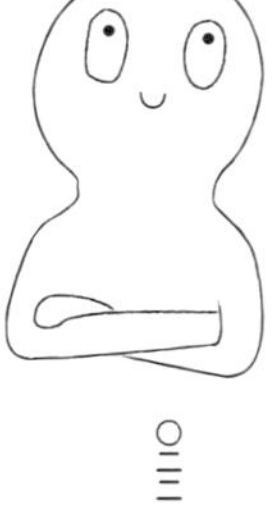

「社会保障の哲学カフェ」は、社会保障の全体像に対する根本的な問いかけ、たとえば「公平」や「損得」についてなどをテーマに、さまざまな切り口から話し、聴き、考えていく時間です。カフェにいるようにくつろいで、お茶やお菓子とともに、ざっくばらんに語り合える雰囲気をつくっています。

ここでは、答えを一つに絞ったり、無理に結論づけることはしません。

▼自分の考えと他人の考えはどこがどう似ていて、どう違うのか？

▼日本の社会保障は、どのような考え方や価値観に基づいているのか？

など、参加者それぞれの見方や、自分一人だけでは気づかなかったことに気づくことを重視しています。

進め方

～今回の例～

①4～5人のグループに分かれる

※あらかじめ設定した3つのグループに分かれてもらいました

②何のテーマで話すか決める

※各グループの机に「お題（テーマ）・キーワード等を書いた用紙」を並べ、議論のきっかけにしてもらいました

③決まったテーマについて、自由に意見を出し合い、時間になったら終了

[1時間程度]

④各グループ発表；話し合った内容などを共有

[1グループ10分程度]

※著者（猪熊氏）が司会者として進行

⑤最後に、参加者から一言ずつ感想など

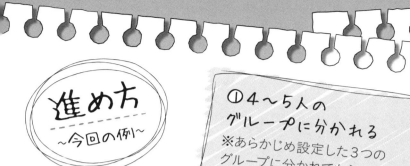

今回議論した
テーマ

社会保障を哲学的に
考える「根っこ」の部分

公平とは何か

- お金持ちに年金を給付することは必要なのか。

「水平的な公平」と
「垂直的な公平」

- 子育て支援の財源は誰が負担するのか。

こども保険、
教育国債

社会保障の世代間格差

- 高齢者偏重の社会保障を若者世代に振り向けよという議論について、どう思うか。

経産省次官・若手プロジェクト
「不安な個人、立ちすくむ国家」

「得する」「損する」とはどういうことか

- 保険料をずっと支払い続けて、特に何事もなく（給付を受けずに）亡くなった場合、この人は「損した」ことになるのか。
- 社会保障を使わない側には補填する、という考え方はありか。

「安心を得る」とはどういうことか

- "見えない"安心感は、どうすれば感じられるのか。どう伝えていけばいいのか。
- 保険の原理・機能（安心が便益）は人間の本性に合っているか。

お金持ちに年金を給付することは必要なのか

議論、はじめました。

グループ1
小林一恵（帝京大4年）
小池豪太（慶應大4年）
渡部和也（慶應大3年）
大林憲司マテイ（国際高3年）
若月瞳（国際高3年）

「水平的な公平」と「垂直的な公平」

小池　多分、4年ぐらいこの議論できるんだけど。

大林　哲学っぽいのはこれかな。

渡部　そもそも「公平」とは何か。面白い。いろんな考え方がありそうだね。

小池　「水平的な公平*」と「垂直的な公平*」ってどういうこと？

大林　若月　水平的公平は、一律にみんなから、同じ割合で税金を徴収する……みたいなかんじ。

※通説と異なるとらえ方で用語が使用されている箇所がありますが、議論の生のやり取りとして、できる限り発言内容を生かしました。キーワード解説（一一六頁〜）も併せてご参照ください。

垂直的公平は、累進課税のように、所得が高い人からはその分より多く徴収する。

うんうん……

渡部 リスクがあって。同じリスクであるにもかかわらず、料金が高い・低いに分けられてしまう……。あ、そうなると保険学寄りの話？

保険でいう水平的な公平と垂直的な公平は、何かに対してリスクが小さい、大きいというのが基準にあって。リスクの大きさが同じ人たちが、保険会社に誤って判定されて、料金が高くなったり低くなったりする。これが水平的な公平がない、水平的な不平等が起きているという状況。

今度は、リスクが小さい人と大きい人が同じ集団にいるのにもかかわらず、リスクの大きさが違う人たちが同じ料金を払っている。リスクが小さい人たちからすると、なんでリスクが大きい人と同じ条件で払わなければならないのか。これは垂直的な不平等で、ちょっといざこざが起きたりする。一応、これが保険学での水平的な公平と垂直的な公平という定義になる。

でもこれって、社会保障ではどういう……？

小池 社会保障でいっている垂直的公平は、所得が低い人は、それ相応の小さい額の負担でいいですよ、所得が高い人は、それ相応の大きい額の負担をしてくださいねっていう考え方。

もう一方は、所得に関係なく、みんな同じ額だけ負担しましょうよっていう考え方なのかなと。

大林 皆さんは、どっちの公平に賛成とか反対とかありますか。水平的であるべきか、それとも垂直的であるべきかと聞かれたら。

渡部 不公平が起きているなら、どちらも解消す

＊水平的公平、垂直的公平→一一八頁

るべき。

小池　なるほど。

大林　僕は、垂直的な公平を支持しているんですけど。日本って資本主義社会で、儲けた分だけ儲かる。そうなると格差が生まれくるわけじゃないですか。そういった格差が起きた場合って……僕、すごく世界史が好きなんですけど……過去の例を見ると、大体、労働者が団結して社会主義革命が起きているんですよね。でも、戦後何十年もの間、日本では革命のような動きもあまりないし。そう考えると、**資本主義の現状に満足しきっている人たちが多い**ってことかなと思う。格差を減らしていくためには、儲けている人にはどんどん、ちゃんと累進課税とかで垂直的な公平を保ってもらった方がいいのかなと。

お金持ちに年金を給付することは必要なのか

小池　その考え方でいくと、お金持ちに年金を給付するのは、あまり必要じゃないかんじなのかな。

大林　そうですね。

小池　俺も、垂直的な公平の方が自分の考えに近いと思っていて。水平的な公平を主張する人は「所得が高いのは努力しているから。頑張っていなくて所得が低い人の負担が少なくて、頑張っている俺が多く負担するのはおかしい」と言うのと一緒だと思うんだけど。

機会の平等ということを考えてみると、垂直的な公平の方が望ましいかなと思う。さっき言っていた、革命が起こらないというのも納得できる話だなって。
だけど、高所得者が年金保険料を払うだけ払って、その払った恩恵を受けられないことが分かっていたら、**システム自体におそらく参加しなくなってしまう。**

大林 そうですね。

小池 そうなっちゃうと駄目だよね。だから、お金持ちに年金を給付するのは必要ではあるけれども、おそらく、割合の問題。

大林 一定の何か。

小池 そういうのが大事なのかな。

小林(二) 私も、水平的な公平と垂直的な公平でみると、垂直的な公平の方がいいかなと思っています。水平的な公平がいいと言う人はそもそも、さっき言っていたように、高所得者が多いと思うんですよ。そう考えると、その時点でもう公平じゃないなと。貧しい、という言い方は変なんですけど……そういう人を救うという面では違うんじゃないかな。
でも、年金を給付することが必要なのか、必要じゃないのかと言われると、給付を全くしないとなると、いろいろと問題が出てきてしまうのかなと思います。いくらまで給付するとか、具体的にはちょっと難しいかもしれないですけど。

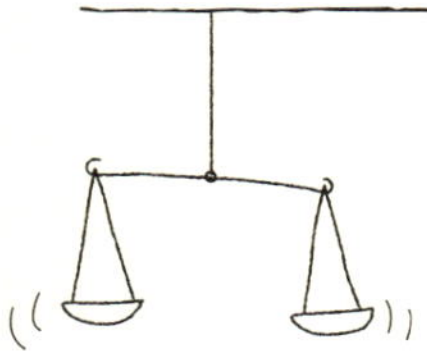

子育て支援の財源は誰が負担するのか

小林（二）　それから、子育て支援の財源は誰が負担するのか。どういう目線で捉えたらいいのかな。

渡部　**そもそも、なんで子育て支援をする必要があるか**ということですよね。社会的な子育て支援をすることによって、その支援が将来、国にとってプラスになる。だからこそ、国の財源から子育て支援を負担する必要があるというロジックがまずある。じゃあ、なぜ子育て支援をするのか。

小池　子育ては普通、今まで一つの家の中でやってきたわけで。子どもが生まれて、学校に行かせて……その先もあるけど、それぞれの家の中で子育てが完結していた。

子育て支援は、つまり政府とか国がやるということだから。今まで家庭でやっていた子育ての一部を肩代わりして政府がやる。この恩恵を受けるのは誰なのかを考えれば、なんで子育て支援をするのがいいのかが分かってくると思うんだよね。で、財源は一体、誰が負担するのか。

小林（二）　これって知識がない人からしたら……。私、最初「こども保険*」って聞いて思ったのは、子どもがいなくてもお金を払わなくちゃいけないんだ、直感的に「**なんで?**」って。どうしてそういう制度を作るのか、しっかり説明してくれないと。

小池　自分には子どもがいないのに。

＊こども保険→一一七頁

小林(二) 子どもがいない方が家計的にメリットがある人もいっぱいいると思うし。なのに保険料を払わなきゃいけない。事情があって子どもができない人ももちろんいると思うし。**負担するのが義務みたいになっちゃうと、なんで?って。**

渡部 それなら、誰が負担するべきと思うんですか。

小池 子どもがいる人が負担するべき、っていうかんじ?

小林(二) でも、そうすると、どういう問題があるのかな。

若月 結局、最後は少子高齢化の「負」のサイクルというか……何だろう。たとえば、損得で考えて、払わなきゃいけないんだったら子どもはいいや、みたいになっちゃったら、どんどん少子高齢化が加速しちゃう気もするし。

渡部 子育て支援をする目的は、現在の子どもたちが成長して、将来働いてもらうことで国の富が増えるということ。そのために、子育て支援はするべきである。

　じゃあ、将来、その子育て支援を受けた子どもが成長して、頑張って働いて発生したその富は、将来、誰が享受することになるだろうか……って考えるとどうか。

うーん……

小池 べつに正解があるわけじゃないしね。

渡部 受益者負担という考え方があって。「自分が利益を得るから負担する。だから、利益を得るための負担と、それによってもらえる収益が一致する」という考えを基に、この問題を考えてみると、子育て支援の財源は誰が負担するべきか。子育て支援をすることによって誰が得をするのか。……誰だろう。

・・・・・・

小池 誰だろう。誰が得する？

大林 国家全体って言ったら、すごく抽象的な言い方になっちゃいますけど。子育て支援で育った本人が、大人になった時に、自分は子育て支援があったから今こうやって働くことができている、みたいなことを感じ取って、今度は自分たちの番として、子育て支援のためにちゃんと払っていったら、それを周りに伝えていくことになるじゃないですか。将来的には国家全体として反映していくというか……助け合いの精神と言ったらあれですけど。**べつに誰が特別に享受するとかじゃなくて、国家全体の利益**。利益って言ったらあれですけど、良くなっていくんじゃないかと。

小池 そうだね。そこで誰が得するとか損するとかいうのとは、また違う議論。今言ったことに、俺も全面的に賛成。結局、メリットとデメリットという言い方をするのもあれだけど、その恩恵を受けるのは社会全体なわけで。
　その中の個々人で誰が得する、損するから私はそこに参加しませんということじゃなくて。子育てを社会化するみたいなことだと思うので。

渡部 うん、うん。

小池 だから、誰が負担するのかというと、国民全体なんだよね。全体っていうと、「小学生の買う『ジャンプ』から税金取ってやるのか」っていう話にもなったりして、この辺は税金だとけっこう難しいから保険って名前が今採られていて。

年金とか、介護保険とか、医療保険がある中、こども保険という全く新しい制度を作るのではなくて、既存の保険料に上乗せしてそこからお金を持ってくる。そのほうが消費税増税とかいうよりも確実なので。

誰が負担するかというと、社会全体の中で、具体的には、おそらく特に保険加入している人になっていくのかなと思う。

高齢者偏重の社会保障を若者世代に振り向けようという議論があるが、どう思うか

小池 実際に社会保障を高校生で、他の人たちよりも早く学んでいるじゃん。

大林 **若月** はい。

小池 社会保障を勉強していて、この制度って、高齢者に優しいよなと感じることってある？ 高齢者にメリットが集中していて、俺らの負担がでかいんじゃないかとか、けっこう感じることってある？

若月 自分の将来を考えると、今より自分たちが

高齢になった頃の方が少ないんじゃないかという
ことを思ったことはあります。社会的にもそうだし、**制度が破たんするとかいわれている中で、自分たちの時はどうなんだろう**という不安はけっこう感じます。

大林 もし、数十年前に生きている自分だったら、高齢者に偏っているのはしょうがないかなと思ったんですけど。今、この2017年に生きていて、医療技術がすごく進歩しているわけじゃないですか。

小池 確かにそうだね。

大林 べつに70歳を超えても生命の危険が……生命の危険って言ったらあれですけど……すぐにどうこうあるわけではないし、これだけ医療が発達していれば、自分自身でまだ何とかしていけることもあるから。そう考えると、社会保障の全体が高齢者に偏ってしまっているのはおかしいのかな。今、生きていたらそう思っちゃいますね。

小池 それって、比べているのは、昔の人に対して今の。

大林 状況を比べてみた時に。

小池 なるほど。そういうことか。確かにそうなんだよ。

渡部 そうですね。そういう感覚か。

小池 でも、それはなんかね。確かにその通りだと思うけど、その医療技術っていつ発展するか分からないし。

大林 そうですね。すごく抽象的っちゃ抽象的。

小池 俺らが未来で受ける医療もきっとめちゃくちゃ進んでいるのに、今の高齢者はその親世代に比べてめちゃくちゃベネフィットを受けているから駄目じゃないかとは、ちょっといえないかなとは思うけどね。でも、確かにそうだよね。そう感じるよね。どうですか。

・・・・・・

小林(二) けっこう、漠然としちゃってて、全体的に。区切り……区切りっていう言い方、変ですけど。振り向ける……うーん。

うーん……

小池 振り向けるとして、どんな割り振りができるか。

小林(二) そう。そういうのを。

渡部 社会保障を若者世代に振り向ける。

小池 たとえば、何があるだろう、若者でいうと。

小林(二) どんなのがあるかってこと？

小池 振り向けようという議論があったか。

渡部 社会保障を振り向ける先……。

小池 これ、社会保障と言っているけど、たとえば、その中で医療とか介護を考えてみると、サービスを使うことだったり、どの時期に集中しているかというと、圧倒的に高齢者。

渡部　そうですね。

小池　「高齢者」というより、時期だから「高齢期」という言い方をした方がいいよね。若い時期よりも、おじいちゃんおばあちゃんになった時期の方が医療に対する支出が大きいんだよね。サービスに対するニーズも。

渡部　確かに。

小池　それを鑑みないで、**今の高齢者ばかりが社会保障のベネフィットを享受しているというのは、ナンセンス**だよね。自分だって、おじいちゃんおばあちゃんになったら同じ立場になるんだし。

　ここで分断しちゃって、損得を考えるよりも、今、僕たちが払っている保険料って、結局は将来的に多く払わなきゃいけないような医療に対する支出を軽減するために払ってるんだ、そのための保険料なんだという意識が必要なのかなって。**自分の高齢期のために俺たちは今、支出しているんだというような意識**を持つだけで違うのかなと思う。

渡部　そうですね。

大林　社会保障が若者世代に振り向けられるっていうのは、若い世代に、自分たちも少し富が得られるってことですか。これ、どういう……?

小池　うーん。

渡部　たとえば、年金保険とか医療保険とか介護保険といった社会保障の制度がある中で、そのサービスというものを、ここでは若者世代に振り向けるかどうかという議論がある。
　だけど、さっき話が出たように、そのような社会保障の制度が必要になる、そのサービスが必要になるのは圧倒的に高齢期。

大林 ですよね。

渡部 ……と考えた時に、じゃあ、若者世代にそのサービスを振り向けるのか？っていう。

大林 正直、いらない部分も。

うんうん……

渡部 そうなの。

小池 たとえば、おにぎりだと考えてみて、若い時はお腹いっぱいなんだよね。べつにいらない。そんなに腹減ってないし、いらないっていうのに、おにぎりばかりもらっても。

大林 そうですね、はい。

小池 だから、若い世代に振り向けようというのはちょっと話が違っているのかな、そういうところ。一方で時間が経つにつれて、お腹がすいた時に、すごくいっぱい食べたい時にもらいたいじゃん。

小林(二) 偏っている社会保障っていうこと自体がよく分からなくて。結局、自分がほしいのは老後になった時だから。最初、この質問を読んでも分からなかったのが、振り向けるって、何のことを振り向ける？って。

小池 そうだね。

小林（一）　今もらって何かメリットあるのかとか。

大林　日本って今、高齢化社会っていわれているじゃないですか。お年寄りの人数がすごく多くて、どうしてもそっちの方に財源が行ってしまう。でも、何年か前に民主党が政権を取った時に、「子ども手当」で各家庭に3万円近くを贈るって、結局実現しなかったじゃないですか。その背景として、日本で進んでいった高齢化があって、どうしても高齢者の方に社会保障を回さなきゃいけない。だから、若者世代に振り向けるっていうのは、希望的観測でしかないなって。

小池　政治的に、選挙で得票に結びつきやすいんだろうね。みんなちゃんと勉強していない。自分たちが勉強しているから偉いとかそういうことではなくて。体系的に勉強していないと、こういう話に対してどういう価値観を持って考えればいいのかが分からない。

流れている情報を見ていると、高齢者に偏重しているんじゃないかという潜在意識がまずあって。そういう時に、若者に、「偏重している社会保障をみんなが享受できるように、子ども手当を作りました。だから、うちの政党に票をください」って言うと、みんな投票しちゃうから。政権を取れた一つの要因かもしれない。確かにそうだよね。

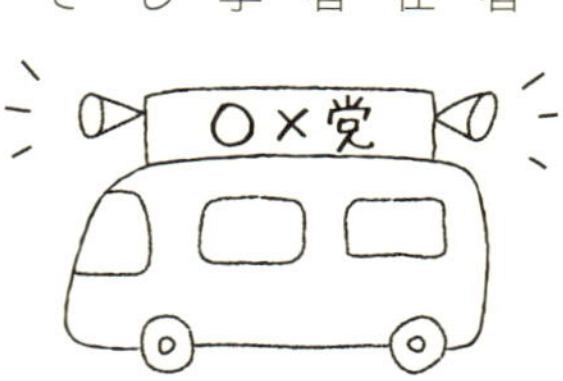

結論。ナンセンスってことで。問い自体がナンセンス。

渡部　問いがナンセンス。

小池　そんなかんじだね。

社会を分断させないために

小池　ここまでの話をまとめますか。

渡部　さっき、水平的な公平と垂直的な公平と言っていたのは、社会保険料を払うことに関しての話であることを、まず意識しておかないと、え、何に対する公平？ってなるね。

　ここでは、みんなが所得に応じた保険料を払うべきだ。だから垂直的な公平が進められるべきなんだという議論をしていたということですね。一つ目は。

　二つ目。お金持ちに年金を給付することは必要なのか。……どう思ったんだっけ？

大林　最初は、お金を持っているなら年金の給付はしなくていいと思っていましたけど、さっきいろいろと意見をもらって。平等権とかもあるじゃないですか、日本は。どうしても、給付しないのは人権侵害だという人が出てくるわけだし、国民として、ちゃんと平等に分け与える必要があるのかなと。

渡部　そうね。

大林　でも、垂直的な公平はキープして、稼いだ分だけちゃんと累進課税で税金を納めてもらうことは大事かなと思います。

渡部　そもそも、年金、医療、介護などの社会保険制度を成り立たせる前提で、たとえば、お金持ちの人に「保険料を払え。だけど、おまえはお金持っているんだから年金は給付しません」って言ったら、お金持ちの人はどうする？　絶対払わないよね。

大林　はい。

渡部　そう考えた時に、ここでお金持ちに年金を給付しない場合に、その制度自体が成り立つのかどうか、ということも考えなければならないだろう。

小池　個々での議論に全部共通しているのって、**社会を分断させないようにしようというのが基にある**んだろうね。

お金持ちに年金を給付しないとなると、システムに参加させないのと同じで、それってある意味分断じゃん。所得を基準とした分断が起こっちゃっているってことだから。

そうじゃなくて、みんな一つのシステムの中に入って、その中で、どのようにバランスを取っていくかを議論しましょうよっていうものだから。

それに対して、いい、悪いというのは、個人の価値観だけど、ここのみんなの中で共通しているのが、分断を起こさないでみんなでやっていきましょうという価値観だし。

それにのっとると、年金に関しては、ちゃんとみんなにあげなきゃ駄目だよね。その分配量は考えないといけないけれど、制度に参加してもらうためにも、あげなきゃいけないよねという結論が出てくる。

渡部　そうすると、「子育て支援の財源は誰が負担するのか。

小池　かっこいいね。高校生でこういう議論ができるのってかっこいいよ、これ。

渡部　私、数か月前に勉強しました。すごいな。

小池　そうだよね。すごいよな。高校生の時、モンスター・ハンターしかやってなかった(笑)。

＊　＊　＊

小池　「公平」って、確かにいろんな考え方があるんだよね。今、具体的な話をしたけど。

渡部　そうですね。

小池　みんな同じ所得で、同じ食べ物を食べて、同じ服を着て、同じ……そういうのを「公平」っていう人もいるけど。

いや、そうじゃなくて、同じ機会を与えることが「公平」であって、そこから先は自分たちの努力とか、いろいろな要因で頑張ってくださいというのが「公平」だとか。

あと、けっこう面白いなと思うのは、たとえば、Aという社会、Bという社会があると仮定して、どっちの社会の方が公平なんだろうと考えた際に、その一番最下層にいる人の基準で見るというような考え方もあって。ジョン・ロールズ＊とかやったでしょう。

渡部　正義理論ですか。『正義論』。無知のヴェール。

小池　そう。ロールズの。ロールズが言っているのは、結局、社会の最下層の人が高い水準にいる

＊ジョン・ロールズ→一一七頁

のか、低い水準にいるかというので公平を計ろうというような考え方。これは後々、いろいろ哲学とか勉強していくと面白いと思う。

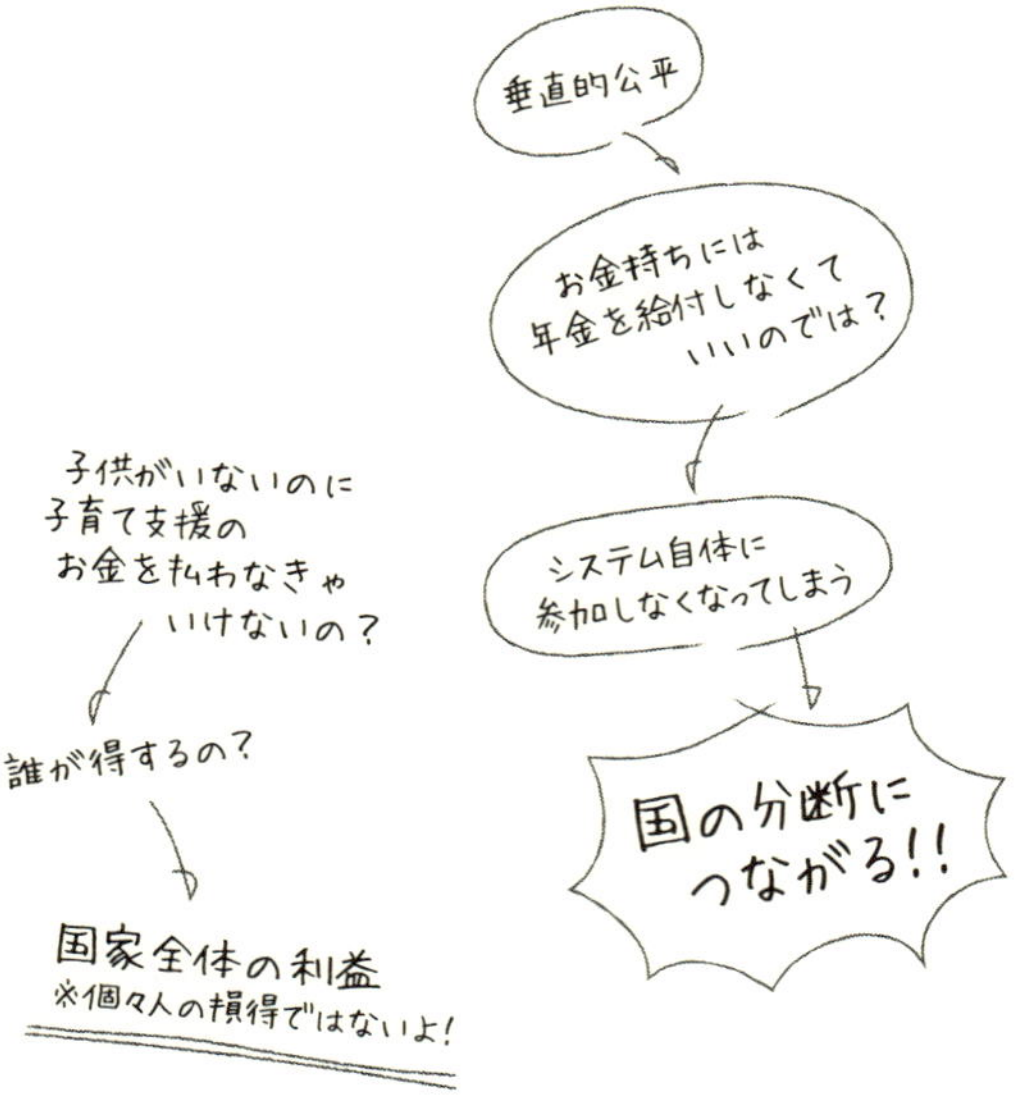

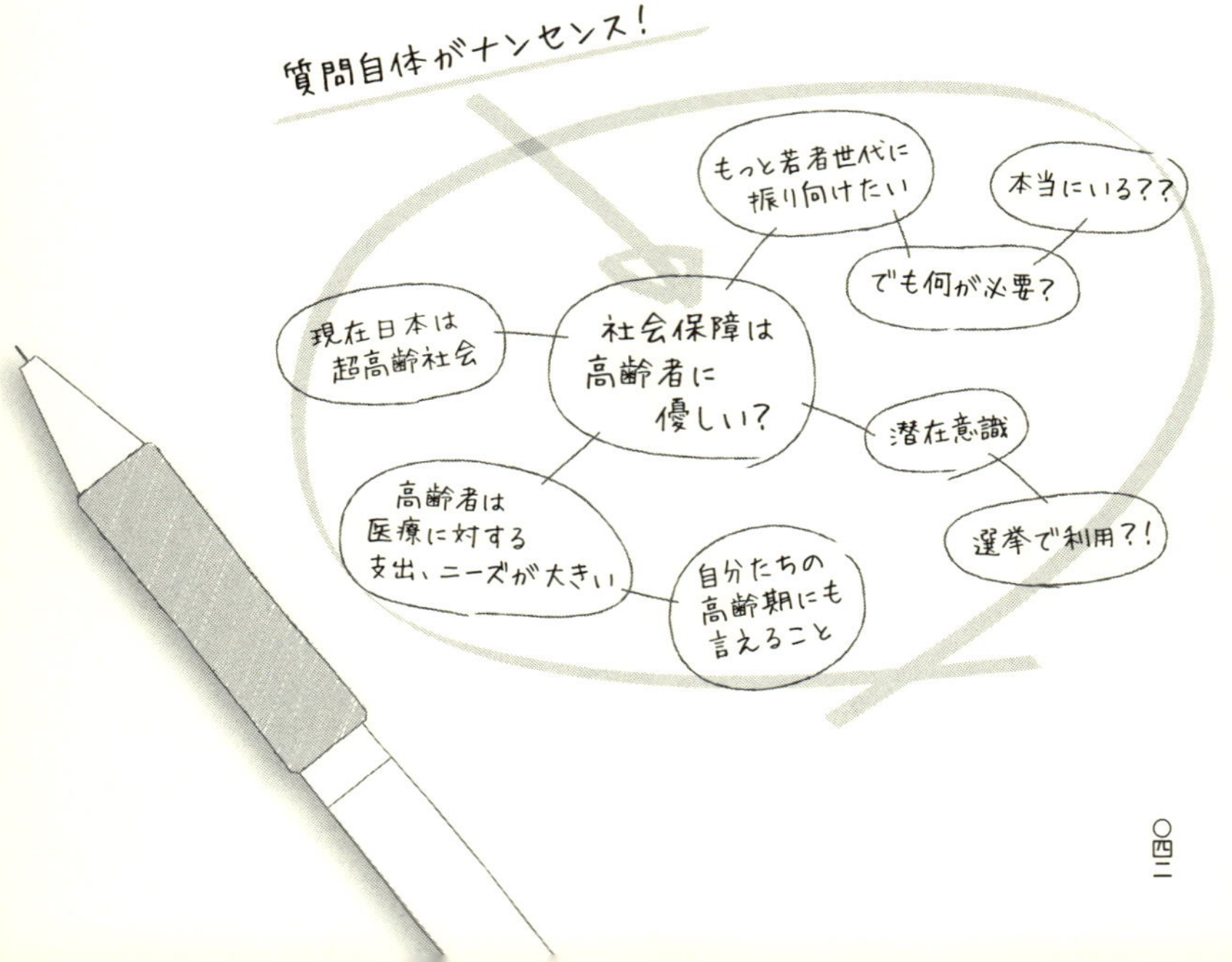

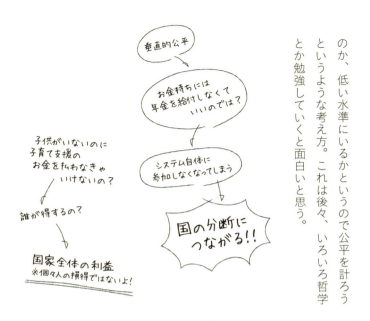

哲学カフェノート
〜あなたも考えてみませんか？①

格差を減らすために、お金をたくさん持っている人に多く負担してもらった方がいいとの考えを支持する声が多く聞かれました。読者の皆さんのご意見はいかがでしょうか。

議論の中では、「その考えでいくと、お金持ちに対して年金を給付する必要性は薄くなるのでは？」との疑問が出され、これに対して「給付が全くなかったらシステムが成り立たない」「連帯感がなくなり、国の分断につながる」など、否定的な意見が大勢を占めました。

「高所得者への年金はどうあるべきか」——これは、国が今後、議論すべき論点の一つに掲げているテーマです。これが議論となるのは、国民みんなが受け取る「老齢基礎年金」に、税金が多く投入されているからです。保険料を徴収しておきながら年金を給付しないことはできるのか。できないなら、年金とは別の方法で高所得者の負担を多くする方法はあるのか、などいろいろと考えてみてほしいと思います。

子育て支援の議論の中で私が注目したのは、「子どもがいないのに、なぜお金を払わなきゃいけないのか」という疑問の声です。そこから、支援の恩恵は誰が受けるのか、財源は誰がどう負担するのが適当かについて、話が進みました。これも、ぜひ、読者の皆さんにも話し合ってほしいテーマです。

「高齢者偏重の社会保障給付」については、「我々（若者世代）にもっと給付を！」という意見が多いのかと思ったら、「医療などの必要性が高い高齢者に給付が多いのは仕方がない」「給付をくれるといっても、僕らは健康だから必要ない」との意見が相次ぎました。「この質問自体がナンセンス」という反応は予想外で、面白く思いました。

（猪熊）

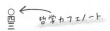

議論、はじめました。

「健康ゴールド免許制度はうまくいくのか」

グループ2
斧田有輝（帝京大4年）
深水健一郎（慶應大4年）
小林郁也（慶應大3年）
髙橋瞳子（流経大3年）
堀部奈々（国際高3年）

「健康ゴールド免許」とはどういうものか

斧田　個人的にはこの制度、面白いなと。俺、多分前にも話したと思うんですけど、**社会保障を使わない人たちのことも考えたい**ので。使わない人もゴールドになって気分がいいし、自己負担額がちょっと低くなるといったことがあると思うので、いいかなって。

深水　難しそうだな。一番難しいやつ。じゃあ健康ゴールド免許のリスクってなんだろう。逆にこれを今までやらなかったのはなぜか。そしてこれをやることによってどんな不利益があるか。

髙橋　そもそも、「健康ゴールド免許*」って何？　車で事故とか起こさなければゴールド免許になるってやつですよね。医療で、ゴールド免許みたいなものを作るってこと？

斧田　そうですね。どういう内容の制度にするのかということも議論できれば。

髙橋　病気をあまりしない人がゴールド免許とか。

斧田　そう。3年間病気しなければ、保険料が安くなるとか。

髙橋　そういうことか。これは、いいよね。

深水　自助*を促す自己負担割合の設定。これをやることで、医療費が膨れ上がっていくのをなんとか食い止めようという流れにインセンティブを与えられる。健康管理をもっと、より徹底的に自分たちでやっていこう、あなたたちが頑張って健康でいたならば、ゴールド免許という形で費用負担割合を減らしますよ……というものになるんだけど、これが、すごくいいように見えて……。

髙橋　問題点があるの？　3年でゴールド免許になるとして、2年ちょっとで一瞬だけ患っちゃった人はどうするのとか、そういうこと？

深水　運転のゴールド免許と健康のゴールド免許の決定的な違いって、リスクが年齢によって変わることだよね。たとえば、19歳で車の保険に入ると、めちゃめちゃ料金が高く設定される。運転が未熟だから。一方、高齢者になればなるほど、確かに少しリスクは高くなる。でもほとんどの期間、

＊健康ゴールド免許→一一六頁
＊自助、共助、公助→一一七頁

事故のリスクは確率的にはあまり変わらない。だから、運転のゴールド免許は、運の要素もかなり強いんだけど、事故を起こさないことで安全に運転するというインセンティブを起こす。しかも、意識すれば事故のリスクは下がる。事故を起こすのは、何らかの不注意もあるから。

でも、この健康ゴールド免許のやばいところって……医療が必要な生活習慣病やがんが、どこの年齢層に集中しているか。高齢者になってから急増する。たとえば、あなたは40歳代まで健康だったね、じゃあゴールド免許を交付しようとなったら、多分ほとんどの人がゴールド免許をもらうことになる。でも、自己負担はみんな小さくなったのに、結局60歳、70歳代でみんな病気になって医療が必要になるわけで、このゴールド免許って、何の意味があるんだろうって。

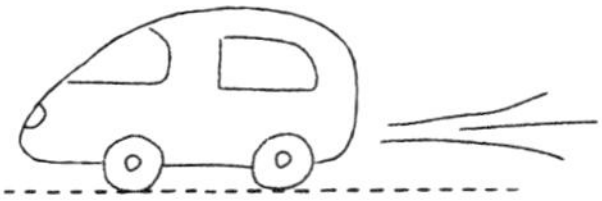

どんな内容の制度にすればよいのだろうか

高橋 じゃあ、統計的に考えて、病気になりやすい年齢からゴールド免許制を作るとか。どこで区切るかは問題になるとは思うけど、若い世代からではなくて、高齢者を対象として制度を作れば、リスクはみんな同等だとして、医療費は抑えられる部分が出てくる、と考えたら。

深水 ある一定のラインを引いても、ゴールド免許をもらった人が、その後どんどん病気になる確率が高くなってくることを考えると……。どうせ上がるんでしょ、みんなどこの時点でも。

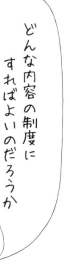

小林（郁）　医療を一生使わない人なんて、いないですもんね。

深水　怖い。要は、この制度をシステムとして導入してしまうと、ゴールド免許といいつつ、ほとんど後期高齢者の自己負担を下げるだけの政策になる。それって公平なのかという話にもなる。

うーん……

小林（郁）　事故を起こさないのがいいことなのは分かるけど、この制度を利用すると、病院に行ったり病気になることが悪いことみたいなかんじになりません？

高橋　あー。

小林（郁）　病院に行くのは悪いこと、みたいになると、そもそも社会保障の性質的に大丈夫かな……。

堀部　変な概念を刷り込まれちゃって、逆にどんどん差別が、助長されるかんじが……。

深水　なるね。僕が思うには、戦前のナチス時代のドイツだね。健康増進政策をやったら障害者たちが迫害されていくという。

斧田　「3年間あなたは病院に通いませんでした、ゴールド免許を与えます」となるなら、たとえば、その3年間病気しないために、朝ランニングしよう、歩こう、といった健康に気を遣う行動につながるわけじゃないですか。

　ひとつ考えたのは、運転免許を取るみたいに、勉強して試験を受ける仕組みを社会保障にも……医療に関しての勉強をさせて試験を受けさせて、何点以上ならゴールド免許を発行するといった制度もありなんじゃないかなと思います。

高橋　**病気にならないようにするのは、そもそもべつに悪いことではないし。**病気になったら、ゴールド免許の人もそうでない人も医療費は払うわけで。だけど、ゴールド免許で健康な人はその分病気をしないし、健康に気をつけてくれている分、国は医療費がかからない。ゴールド免許の人とそうでない人の格差も、たとえば同じ年齢からのスタートにすれば、全員平等とはいわないけど、病気はいつなるか分からないものだから、少しでも入れれば損はないというか。だって安くなる可能性が得られるわけで。

斧田　周期を決めて、「健康保険を使った時点からその後5年間健康保険を使わなかったら、ゴールド免許とする」とか。だんだんと年齢が上がるにつれて病気になるリスクが高くなるので、階級を設けて「あなたはちょっと使いすぎだから、これぐらいは負担してね」みたいな制度もあっていいかな。

深水　病気にならないようにするのが、いいことなのは分かるんだけど。じゃあ、何が病気にならない対策になるのか。生活習慣病やがん、認知症は、朝走らないとなるのか、健康的な食品を食べないとなるのか。発症の原因がよく分かっていない。がんは遺伝もあるし。認知症も、高齢者ではかなりの確率でなってしまう。ぼけ対策で何とかなるものでもない。ということは、がん体質の人たちは必ず高負担スタートになる。

　で、「ゴールド免許を導入すると財源が少なくなってしまうから、負担に対して給付を必要としている人が、もらえるかどうかあやしくなってくるという、ちょっと怖いパターンが考えられる。

え〜……

髙橋 もともとの基準を変えなければいいんじゃないの？　たとえば、病気にならない人はゴールド免許で、健康な分、医療費が少なくなる。でも、がん体質の人も、健康なら負担が増えるわけではないということを認識すれば、自分ががんにならない可能性もあるっていう観点では、そこまで嫌なことはないんじゃないのかなとは思うけど。

たとえば、一回患っちゃった人が完治して、そこからゴールド免許をまた取れるのかというと、病気になりやすいかもしれないから期間を延ばすことはあるかもしれないけど、ちょっとした病気だったら、何度でもゴールドになるチャンスがあるような形にすれば、治そうっていう気にもなるよね。

個人レベルの「ミクロ」の視点と財政などの「マクロ」の視点で考える

深水 個人レベルで考えるとそれが合理的なんだけど、じゃあマクロで考えた時に、ゴールド免許制度を導入すれば結局、財源は減ってしまう。だけど、健康のリスクとかは何も変わらない。ゴールド免許制度の仕組みの問題であって、医療費は絶対に増えていく。高齢者が増えていくから。それでもこれはやるべきだと主張するには、制度を導入したことによる財源の問題を超えるぐらいの論理がないと。

自助努力をして病気にならないようにした結果、医療費が本当に減るのか。端的に言うと……たとえば、喫煙者が、健康に気遣って禁煙したとします。じゃあ禁煙した人としない人、どっちがその後の医療費がかかっていくのかを考えると、喫煙者は非喫煙者に比べて肺がんになる確率が高いことは医学的に証明されている。禁煙しなかった人は、がんになって亡くなるかもしれない。禁煙した人はそのリスクは減ったかもしれない。だけど、人間はいずれ何かの病気で死ぬ。となると、トータルでは医療費はどっちのほうがかかっている?っていう話。

高橋 財源が減るかもしれないってこと?

深水 ゴールド免許で健康に気遣った人ほど、長生きをしてトータルでは医療費がもっとかかってしまうかもしれない、一生で見ると。そこがこの制度の一番難しい問題。病歴があって、たばこも吸っているし、本当に健康に気遣ってないから、もうゴールド免許は駄目だっていうやつがいたとする。こいつは60歳ぐらいで、糖尿病になって死んでしまった。一方、俺はもうずっとゴールド免許を持って健康に気遣って生きて……それで認知症になりました。その後10年ぐらい、要介護度がどんどん上がりながら病気も増えていきました。どっちがお金がかかったか、人の一生で見た時に。短期スパンではゴールド免許を持っている方が医療費を削減しているように見えるけど、**長期スパンで見ると、一体どっちがお金かかったんだろう**、っていう。

深水 だから、ゴールド免許の仕組みっていうのは、すごく難しいなと思う。これが現実の話で、公平の問題もあって、そこも話し合えば議論が深まるのでは……多分、すごく難しいんだけど。

＊＊＊

高橋 ゴールド免許のいい点と問題点、なんだっけ。

深水 いい点は、やっぱり明らかに自助を促すインセンティブなので。

うんうん……

高橋 これって、健康なら医療費がかからないから、国が一部負担している医療保険の費用の面で財源が増えるという制度だよね。

深水 その人が病院にかからないことでその分の医療費、要はほとんどの人は7割を国が出しているから、それが浮くよね、端的には。短期スパンではそう。

高橋 でも、長期で見るとまた話が変わってくる。

深水 人の一生で見た時に、たとえば、70歳時点のおじいちゃん、おばあちゃんがいます。この70歳時点のおじいちゃんはもう危篤状態で、高度な医療を受けていて、かなり医療費がかかっています。おそらく寿命はあと少しです。片や、70歳の元気なおばあちゃんがいます。どっちがトータルで医療費がかかるか。

　おじいちゃんは、71〜72歳くらいで亡くなってしまう可能性が非常に高い。おばあちゃんは多分、その後どこかで病気にはなる。だけど、女性の平均余命から考えて、87〜88歳くらいまで生きるから。実際、それくらいまで生きて、おじいちゃんと同じような病気にかかって亡くなってしまった。この間、病院に行かなかったかっていうと絶対にそれはない。そうすると、70歳時点では健康で、要

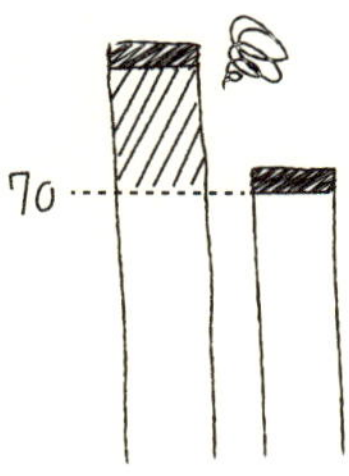

するにゴールド免許を与えられる資格がある人。おじいちゃんは不摂生してきたから、もうゴールド免許の資格は持ってない人。

髙橋 どっちが医療費がかかるかってことでしょう?

深水 トータルでは、おばあちゃんの方が明らかに医療費はかかっている。これって、まず制度としてどうなの、公平性はどうなの? この人は低負担できたのに、結局それ以上に給付を受けているんじゃないか。逆にゴールド免許を与えられずに払ってきた人は、ただ普通に亡くなってしまった。それって公平なの?という問題もある。……これは非常に悪い点だと思う。こういう例は、リスクが逓増《ていぞう》していくことが一番の大きなポイントです。

斧田 自分で言っておいてなんだけど。たとえば、2年と11か月の間病気にならず、ゴールド免許の取得まであと1か月になったとして。この残りの1か月間に病気になった場合、あと1か月我慢すればゴールド免許になるからといって病院に行かない可能性も出てきちゃう。

_(:3」∠)_

髙橋 確かに。

斧田 そうなると、もしそれががんとかだったら、治せるレベルだったのに、1か月我慢したことによってもう治らない状態になっちゃうから。

髙橋 !! それはめっちゃ大事だと思う。

堀部 確かに。

斧田　この制度は難しいかなって。最初はいいって言ったけど、もう……。

深水　ミクロの視点で確かにそれだよね。必要に応じて医療は受けなきゃいけないのに、その仕組みのせいで我慢してしまうという、最悪なパターン。

子育て支援の財源は誰が負担するのか

斧田　「公平」とは何か。

高橋　公平って難しいよね。絶対無理じゃん。耳触りがいいことじゃないの、要は。**どこの立場に立っても耳触りがいいことが公平でしょう？**　それに近いものにすることは大事だけど、完全に公平っていうのは無理だよね。

堀部　（用紙を見ながら）子育て支援の財源……。

高橋　このこども保険って……。これは社会保険料から取ればっていう話でしょう？

深水 国民年金と厚生年金の保険料から。

高橋 そこからちょっとずつ取るかんじじゃん。財源が今、税だけなんだよね。

深水 財源は税だけです。ちょっとしかない。

高橋 でもこれは、やるべきだよね。単身者や子どもがいない世帯の人が保険料を払うのは公平なのか、べつに子育て支援の恩恵を受けるわけではないのに、ってけっこう問題になっているけど。

でも要は、その子ども世代がいなければ、年金制度が回らない。今の賦課方式*の年金と少子化は絶対関係がある。

　今は第一次と第二次ベビーブームの世代が多いから、今後しばらくは高齢者世代の割合が大きくなっていくけど、その世代がみんな亡くなれば、極端な話、バランスは取れるかもしれない……だけど、今の問題として、どうなんだろう。

深水 まず、特に就学前にしっかりとした教育を受けさせることが、子どものその後にかなりいい影響を与えることは、ほぼ、学術的に証明されている。だから教育をすることは必要。それに対して、教育を受けられていない人がいる。ということは、社会が支援することによって、その人にとってプラスの利益が必ずある。

　なぜ関係のない子どもに、うちは子どもがいないのに、もう子育ては終わったのに、払わなきゃいけないのという論理に対しては、**「あなたの社会保障を支えるのはこの子たちですよ」**と。もちろん産めない事情とかもあるけれど、そも

＊賦課方式→一一八頁 P.099

そも、支える人が子ども世代という年金のシステムがあるからには、あなたたちこそ払ってください、あなたに関係のない子どもがあなたを支えるんですから、将来は……という話し方が一番効くかな、不公平じゃないかという論理に対しては。

こども保険の給付方法と公平性

高橋 単身者や子どもがいない世帯の人が不満に思うのは、現金として給付される点が大きいのかなって。このお金が子どものために本当に使われているのか、親が何に使うかが明確じゃないから。これだけ人がいるから、給付金を関係ないことに使っている人も中にはきっといる。全部が子どもに使われているのかは疑問で、そこが払いにくい理由、原因の一つっていうか。気持ち的には素直に払おう、私たちを支える世代だからと思っていても。

　そういう人たちへの配慮としては、たとえば子ども用品を買える券をその金額で配布するとか、お金を使う明確な用途を提示する。何か、快く払えるような環境づくりは絶対大切だよね。

深水 こども保険では、財源を集めて現金給付*をやろうとしているんだけど、確かに、その考えからすると絶対駄目だと思う。かといって難しいのは、現物給付*って、**じゃあ何？**っていう。

高橋 たとえば、おむつとか、ベビー用品とか子ども服とかを買える商品券みたいな形にするか、

＊現金給付、現物給付→一一六頁

もしくは、保育施設を利用するお金として、現金給付の形ではなくて……なんて言えばいいのかなぁ。

斧田 そういったお金を、給食費とかに回すのでは駄目なの？

深水 それって、誰が助かると思う？　助かるのは、運営している幼稚園や保育園になるよ。じゃあ子どものいない俺の金は、なんで保育園の利益になっているんだっていう。

　で、商品券みたいな形にすると、果たしてこの親がこの子に対して、その服を実際に何着買う予定だったのか分からない。余分に買ってしまう可能性がある。これって援助になっているのかな。使用目的がそれに限られてしまうと買うしかないから。現物給付の形、すごく難しいなと思う。

高橋 すごく難しいかもしれないけど、子どもの養育施設の月謝とかの支払いと、子ども服とか子ども用品を買うのに使える統一の「子ども券」みたいなものを配布するとか。そうしたら他の用途では使いづらいので。

深水 使用用途をしばった……。

小林(郁) 全員に配るとなると、もともと平気な人、もらわなくても大丈夫な人までも得しちゃうってことはあるとは思うんですよね。

高橋 確かにね。貧富の差は結局変わらない。

深水 たとえお金持ちでも、都内にいてもし保育園に入れなかったら、子どもの服が買えたって「私、結局仕事辞めなきゃいけなくなっちゃったじゃん。何が支援だよ」って。その後、保険料を払うのか、全然支援の恩恵受けてないのに……というところが、すごく難しい。結局、幼稚園や保育園が充実して全員がちゃんと入れないと、全く意味がない。

うーん……

待機児童の問題について

髙橋 公平さでいったら、私立とか、そういう観点も変わってきちゃうとは思うけど、まずは待機児童*が多いのはずっと問題になっている。保育園の増設とかに本当は保険料が回せればいいけど、それもなかなか難しい。増設するにしても、給料が低すぎて保育士はいてもやらない。

ちょっと前によくニュースでやっていたのは、保育園を建てるのも、子どもの声がうるさいとか、地価が下がっちゃうとかの問題で、近隣の人が反対する。そういう、こども保険を本当に効率よく使うための、使い道が難しいところ。

うんうん……

＊待機児童問題 ➡ 一一八頁

深水　親の所得に明らかに影響を与えない支援をするならば、**保育待機児童は絶対に減らさないといけない。**だけど、民間企業が増えてしまったことによって今何が起こっているかというと、今まで保育運営には、人件費を70%ぐらい使わないといけなかったんだけど、民間が入ってきたら40%から50%ぐらいまで下げられてきた。保育士の給料が少ないんじゃなくて、人件費を削ってきて、今、保育園を運営している民間企業は、とてつもない勢いで利益を上げているといわれている。給料分が全部民間に持っていかれている。かといって、公営の保育施設を建てればいいじゃないかっていわれると、待機児童を減らすにはすごく効くんだけど、待機児童の問題は実は東京近郊に集中していて、全国的にはほぼ関係ない。地方では園児募集、保育児募集をかけているぐらい子どもが少ない。全国の関係ない人たちからお金を集めて、待機児童ゼロのためにそれを全部東京に集中させることは、再分配になっているのか。地方の、保育園はべつに入れるけどという人たちには支援になったのか、公平の観点ですごく難しい。

だから現金給付、楽じゃね？と思うけど、そうすると使用用途は大丈夫なの？という……。

小林（郁）　もともと保育料って、所得に応じて生活保護*受給世帯はゼロ円というのもあると思うので、その時点での所得に応じた公平な利用料金の制度は、もう既にあるのかなと。

斧田　全員に一律がいいとなると難しいですね。

深水　どっちかじゃなくて、バランスだろうね。待機児童は絶対ゼロにしなきゃいけないから、あ

＊生活保護→一一八頁

る程度東京にお金が行ってしまうのは仕方ない。仕方ないんだけど、東京の世帯は地方の人たちよりも所得が高い。で、保険料は所得に応じて払っているから、将来的に払う額は東京の人たちが高いからというデータを示せば、ある程度そこは説得はできる。でも、それだけだと不公平だから、ある程度使用用途を決めた券の配布はすごくいいと思う。保育園には行けるけど、その他諸々がけっこう大変っていう人には、それが効くから。使い分けをする。

難しいのは、どこでバランスを取るか。どれぐらいの財源をそっちに充てるかは難しいんだけど、理想論はそのバランスをはかって、地方も東京も、みたいな。

高橋 地方では保育園が余っていて、園児募集中という事情がある。東京近郊では待機児童を減らしたい。でも、もう八方ふさがりじゃないけど、政策が取りづらいし、待機児童によって仕事を辞めなきゃいけない人もいる。

それなら、「子どもバス」とか、子どもを地方に預けることで仕事に行ける環境をつくってあげて、なおかつ地方の空いている保育園を埋めることを考えたら。たとえば、こども保険料をそのバスの費用として分配するとか。利用者はバスの運賃とかはかからない。それぞれ所得に合った保育園の支払いだけでいい。一つのアイデアとして。

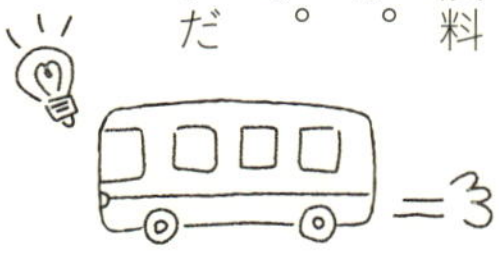

深水 それって、保育園を新しく近くに建てることよりそれがいい理由って何かな。財源は結局集中しちゃうよね。バスの費用はかかるから、東京には結局集中してしまう。リスクとしては、0歳、1歳が、一番保育の需要が高い。

髙橋 確かにね。

深水 今、保育は決まりで大体0歳には3人対1人か2人対1人ぐらいで見なきゃいけない。子どもたちを何十人も乗せたら、バス内でも多分それをやらなきゃいけない。

髙橋 難しいか……。

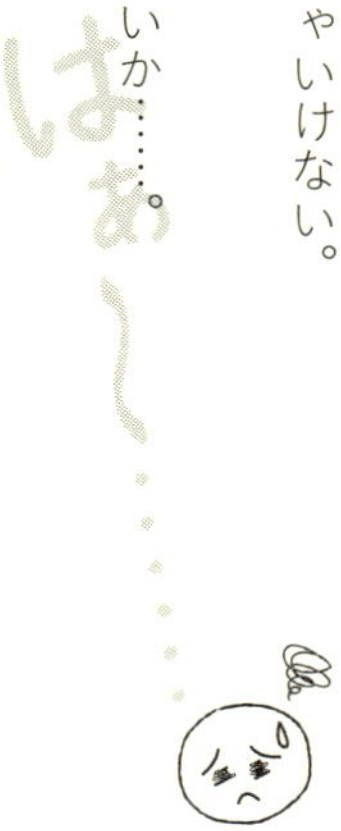

深水 人件費がとんでもない。保育士めっちゃいるやん、みたいな状態。

小林（郁） それよりも、各企業に保育を委ねるというのもありかなと。企業内保育園みたいなものをよくやっている所で……。

髙橋 今多いよね。

深水 強制する？

小林（郁） 強制というか、そこに補助金を入れて、支援みたいな形でやってみて……。

深水 そうすると粗悪な保育が生まれるよね、絶対に。

小林（郁） まあ、そうですね。

深水 そこで補助金が出るんだったら。最小限の保育で最大限の補助金になってしまうベクトル。

小林（郁） そこはある程度の規制はしないと……。

髙橋 どう言っても駄目じゃん（笑）。

堀部 企業内保育で保育する人を、保育士免許は持っているけど今は保育士をやってない人にやってもらうのは駄目なんですか。

小林（郁） 保育補助士みたいな人とか……。

深水 資格を持っているのにやらない人がなんでやらないかを考えたときに、賃金と労働時間に不満があって辞めてしまっている人たちがほとんどだから。なかなか難しい。

髙橋 じゃあ、保育園増設。なんで保育園は待機児童が多いのに、小学校とか中学校にはいないの？　義務教育だから？

深水 義務教育だから、キャパがちゃんとあるように設定されている。もちろん住宅が一気に集中して、うちの近くもそうだったけど、プレハブの校舎ができたりもしたけど。

髙橋 今ある保育園を、高さをつくるとか。なんか低くない？　保育園って。

堀部 保育ビルみたいに。

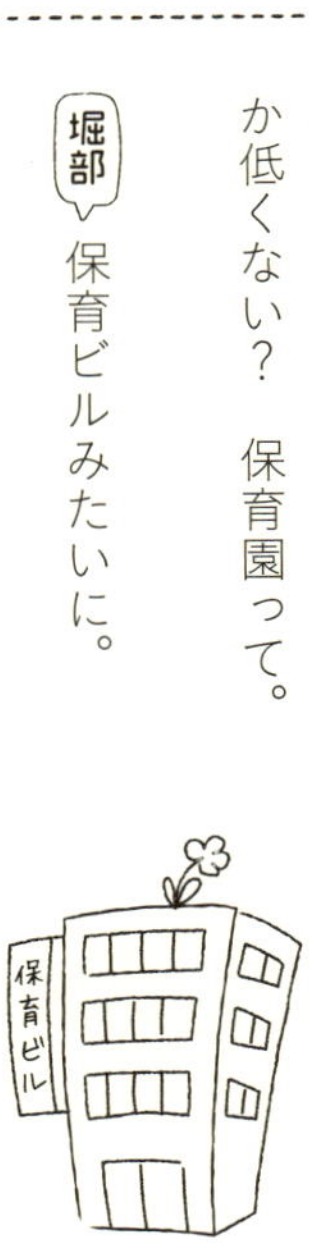

深水 確かそれ、規制されて駄目だった気がする。設置基準で。

髙橋 駄目なの？　落ちちゃうとか？

小林（郁） キャパを増やしても規制がありますよね。何歳児から何歳児は3人に1人保育士が必要、とか。

深水　保育士をそこに集中させる必要がある。

小林（郁）　教育国債＊はそもそも駄目ですよね。

深水　論外だよね。

堀部　教育国債ってなんですか。

高橋　国で借金して、あてがうっていうこと？

深水　これって「ツケ」なんで、結局は自分で自分のツケを払うことになるから。で、利払いを考えると、むしろ負担が子どもに大きく出るから、きつい。

高齢者偏重の社会保障を子ども世代に振り向けることの議論については、そもそも高齢者はそれほど裕福な給付は受けてないっていう……。世界的に見たら。社会保障費が今集まっていないから、偏っているふうに見えているだけで、実際は高齢者もあまり持っていないし、若者には当然回す金もない。そこが問題なんだろうな。

堀部　高齢者の中でも格差とかあるし。高齢者側の意見としては、俺たちが日本をつくってきたんだ、みたいなこともあるし。

深水　難しいね、こども保険って。

健康ゴールド免許も、
こども保険も、
難しいね……
（´・ω・｀）

＊教育国債→一一六頁

哲学カフェノート

～あなたも考えてみませんか？②

「一定の健康管理に努めた人には、医療保険の自己負担を安くするなど、何らかのインセンティブ（動機付け）を設けてはどうか」というテーマについての話し合いがありました。このテーマは、自民党の若手議員が2016年10月に出した社会保障提言に含まれているものです。魅力的な案だ、健康へのインセンティブが生まれる、という意見が出ましたが、最終的に、「この案の導入は難しい」という結論が出ました。いくら健康に気をつけていても病気になる可能性があるためです。また、ある時点で健康でも、亡くなるまでの一生でみれば、医療費の多寡は最後まで分からない、との指摘もありました。個人のレベルの「ミクロ」の視点と、財政も含めた「マクロ」の視点で、自動車運転のゴールド免許と比較しながら、医療の特性をよく把握して議論していたと思います。

子育て支援の財源については、「子どもがいない人にこそ費用を負担してほしい」との意見がありました。子どもがいない人が高齢になった時、社会保障という支え合いの仕組みがあるからこそ、私的扶養だけに頼らずに暮らしていくことができます。「他人が育てた子どもたちが費用を負担して、制度を支えてくれるのだから、子育て支援の費用はみんなで負担することが重要」と言っていたのが目を引きました。また、0歳児、1歳児保育の言及がありました。働いている親が育児のために休みを取る育児休業制度など、親の働き方に議論を広げてもよいですね。

「高齢者偏重の社会保障」についての議論では、「高齢者の中にはぎりぎりの年金生活をしている人もいる」との指摘がありました。「そもそも、日本の社会保障は全体の費用が少ないこと自体が問題」という言葉も。いずれも、社会保障を学んでいる学生さんならではの視点といえるでしょう。

（猪熊）

保障と損得勘定

お金持ちに年金を給付することは必要なのか　子育て支援の財源は誰が負担するのか

金岡　どうする？　まずは順番に意見を言っていく方針でどうだろう。

日下田　そうですね。その方がみんなが話せそうですね。

内田　じゃあ、自分から。お金持ちに年金を給付することは必要なのか。自分は必要だと思います。**みんなが納めてみんながもらうのが社会保障制度の基本**だと思うので、そこは譲れないのかなと。

子育て支援の財源は誰が負担するのか。これも垂直的な公平で、こども保険の制度内容だと老後の給付をもらっている高齢者たちは払わないじゃないですか。そういう人からも、子どもを育てるために徴収することは必要だと思います。だから、自分はこども保険にはけっこう反対なんですけど。子育て支援の財源を負担する人は、支援される側の子どもたちは抜きにして、現役世代の人たちから老後の給付をもらっている人たちまでだと、自分は思います。

櫻井　私も、お金持ちに年金を給付することは必要だと思うんですけど、オプションにすればいいんじゃないかなと。さっき言っていたように、年金というのは納めた分返ってくるというのが基本的な権利だと思うんですけど、多分、**年金なんて屁でもないお金持ちの人もいる**と思うんですよね。でも、だからこそ、そこで「おまえにとって年金は屁でもないから切るぞ」ではなくて、「権利は与える、もらうかもらわないかはおまえの自由だ」ぐらいのスタンスの方が、お金持ちの人も、デメリットというか、差別された感じが少ないのかなと。お互いに楽な部分が大きいのかなと思います。

金岡　2人と、特にお金持ちの年金についてはけっこう一緒なんだけど、給付は絶対にしないといけない。国が切ってはならない。できれば、お金持ちの人に自主的に返納してもらうようなシステムがあってもいいかなとは思うけど、どう強制力を持たないものにするのかが、すごく難しいとは思います。

子育て支援については、教育国債は個人的には「ない」なと思います。教育は将来への投資だから将来にツケを回す国債でもいいじゃないかという論理は、俺はすごく成り立っていないと思います。なんだって将来の投資と言えるから、国債を発行し放題な国になってしまう。現在ある中で、どうお金を取っていくかだと思う。

さっき言っていたように、全世代から。現役世代しか負担しないこども保険ではなくて、年金給付を受けている人も含めて、**社会全体で子育てを支援する仕組みがすごく必要**だと思う。年を取ったら、その後は負担がないというのは、おかしいと思っています。

日下田 お金持ちへの年金給付については、皆さんと一緒で、私もこれは必要だと思います。まずは、お金持ちだからあげなくていいという論理のために給付を切るメリットと、全員にちゃんと与えるという意義をなくすことのデメリットが釣り合わないというか。権利を切るということは、国が勝手に制限することを際立たせていることになるので。喜ぶのも一部の人だけだし。

あと、「お金持ち」の定義も曖昧で。ソフトバンクの孫さんみたいなトップ層のお金持ちもいるし、うちも両親ともに正社員として働いているので、けっこう豊かな方だとは思うんですよね。でも、仮に上位30％とか20％に入っていたとしても、それほどお金持ちってわけじゃない。お金持ちの年金を切るといっても、トップ層を切ったところで微々たる差、くだらない差かなと思います。

たしかに……

子育て支援の財源の負担は誰がするのか。私も内田さんと意見が一緒です。こども保険では現役世代の年金保険料にちょっと上乗せして、という話になっていますが、私は社会保障について学んできているとはいえ、ちょっと高齢者を優遇し過ぎじゃないか、という気持ちはあります。実際には、今働いている世代からしか取れないとは思うんですけど、アピールとして、高齢者からもちょっとは支援を受けているよという姿勢をどこかに出しておかないと。

櫻井　大義名分がいるんだよね。

日下田　そう、大義名分。微々たる額だったとしても、高齢者も負担して、全世代で支えましょうという大義名分が、うわべだけでも絶対に必要かなって。自分の世代からすると、なんで高齢者は負担していないんだって思ってしまうし、高齢者からすると、払うものなのかというところはあるだろうけど、そこは将来に対する投資ということで説明ができるかなと思う。
　だって、全国の貯金額の7割ぐらいは60歳以上が持っているらしいですよ。

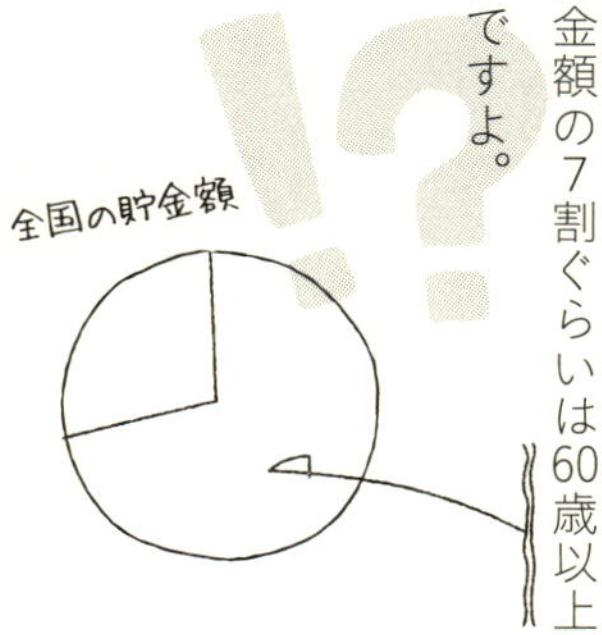

高齢者偏重の社会保障を若者世代に振り向けよという議論があるが、どう思うか

櫻井　私、祖母と同居していて、お小遣いは申し訳ないから普通の額しかもらわないんですけど、多分、言えばけっこうもらえる。祖父がずっと、「労働基準法なんて何ぞや」みたいな仕事で定年まで毎日働きづめで、そのときの貯金にプラス年金……月に相当もらっているんじゃないかな、それぐらいで生活しているから、かなりお金を持っているかんじはあります。

日下田　私も、祖父母が豊かな生活をしているのを見ていて思うのは、余裕のある人は、下の世代にほんの少しでも渡したらいいんじゃないでしょうか。だって、あなたたちが生きるのはあと何年でしょう……というのはちょっと思ってしまう。

金岡　支払う医療費の自己負担に加算して、どうにかしてお金を取れれば……。

櫻井　でも、高齢者の医療費の自己負担割合、最近上がりませんでした？

日下田　若者世代へ振り向けるという議論がこれですね。

金岡　**社会保障が高齢者に偏重しているんじゃなくて、資産が高齢者に偏重している**んだよね、多分。

うんうん……

櫻井　そうですよね。

日下田　日本の高齢化率や人口の統計から見ると、高齢者数が多いから、給付にお金をかけないといけないのは仕方ない。一人当たりにすごく手厚くかけているわけではないんだけど。

櫻井　結果として人数が多いから……。

日下田　多いから、その分お金がかかるのは仕方ないけど……それにしても。若者世代にも給付がある程度充実していて、いろいろと恩恵を受けているならいいと思うんです。高齢化率云々を考慮しても、若者に対して保障が少ないということはあると思うので。高齢者は多くもらっているから削れということではなくて、若者にももうちょっと……。

金岡　今あるパイの分け方を変えるんじゃなくて、

もうちょっとパイを増やすってことでしょう。

日下田 パイを増やして、それを若者に配分しようとしているのが、こども保険とかになると思うんですけど。

金岡 若者に与える分、高齢者を減らすのはおかしいよね。

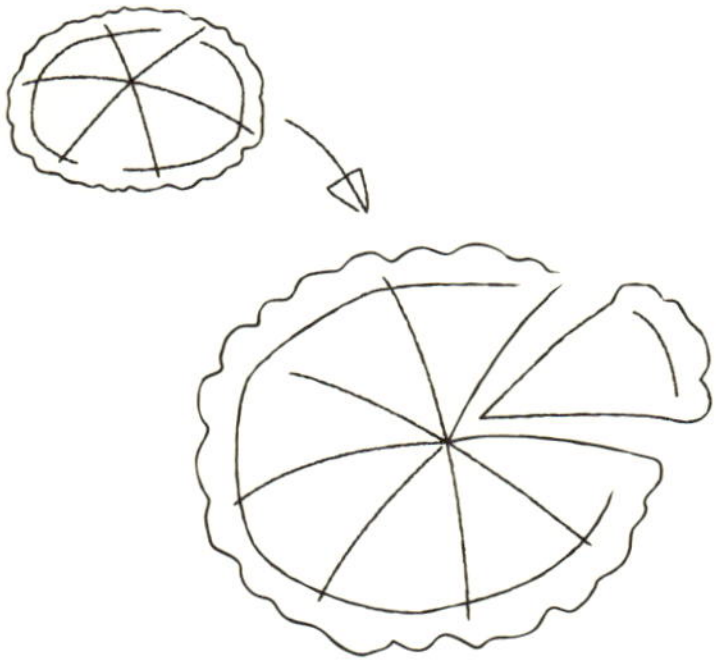

若者の社会保障にはどんなものがあるか

櫻井 若者の社会保障って、たとえば、こども保険もそうだし、生活保護とかもあるけど……私たちの世代が受ける社会保障の具体的な事例が、私、ほかにあまりパッと思い浮かばなくて。

日下田 こども保険は、就学前教育に対してのものですね。たとえば、櫻井さんに将来子どもができて、働き続けるために保育園を利用するときに、自己負担の金銭的支援が拡充したり、今ある待機児童などの問題が解消されていって、子どもを産んでも安心して預けて働けたり、自分の時間を作れたりすることが考えられますね。

櫻井　あと、ほかに何がありますか。具体的に。
……なんかそれしか思い浮かばなくて。

金岡　若者世代に振り向ける、イコール子育て支援になるのかな。

櫻井　もうイコールな感じ……。

日下田　「若者」には、20歳代だけじゃなくて、30〜35歳あたりまで、多分含まれる。

櫻井　じゃあ、メインで子育て支援を考えても間違いではないですか。……でも、子育て支援を拡充したところで、私、働きたくないんですけど、基本的に。

日下田　えっ、もったいない。なんで？

櫻井　今は女性が大学を出て、どんどん社会に進出して活躍するようになって、地位もある程度は確保されているじゃないですか。そんなおいしい環境の中で、制度や支援が拡充されたからといって、わざわざ自分の好きなことをやめて、子育てというオプションを選択する女性が増えるのかが疑問で。
　私がもし天職を見つけて、ずっと働いていたいと思ったとしたら、支援のお金をもらえても、子どもはいらないわ、となってしまうんですよね。支援を拡充したところで、果たして子どもを産もうという気が女性たちに起きるのか。支援がないよりは多少でもある方が効果はあるんでしょうけど、この社会の情勢、傾向自体が変わっているのに、**支援拡充に過度な期待を持っているんじゃないか**って、すごく思う

んですよ。仕事が楽しかったら、多分私は子育てより仕事を取るし。

日下田 今はそう思っているかもしれないけど、よく親世代が言うのは、子どもを持ってみたら違ったと。結婚して考えが変わったと、よく言うんで。選択肢を多く持てる社会があって、今の私はけっこうバリバリ働きたい派で、子どもを持つかどうかは全然分からないんですけど、将来子どもを持ってもいいなって思った時に……。思ってしまった時に……。

櫻井 いいことなのに(笑)。

日下田 でもその時に、私は昔こう思っていたからいい、みたいなことを言っていると、実際に子どもが欲しいな、育てたいなと思った時に、支援が得られない状態になってしまう。今はどう思っていても将来どうなるかは分からないので、そういうところも含めて……。

櫻井 とりあえず保険的なニュアンスで、将来子どもを産むというオプションを取った時に、不利益を被らないようにしておくという、環境の整備みたいな話ですね。

日下田 そういう面もあるし、実際にどうしようか悩んでいる人もいるから。

櫻井 この支援が決め手になって、子どもを産むことを考える人がいるかもしれない。

日下田 まぁ、決め手というか、支援があったら助かるといったことも含めて、制度が存在していることで。

櫻井　**制度があることによって安心感はあるというか、状況を変えていくことができるのかな。**

日下田　多分そこが、「私には関係ない」と言う人と、「いや、私にはすごく必要なんです」と言う人の差になってくる。

櫻井　ギャップがあるんですね。

日下田　だから、すごく難しいのかなと思います。

そもそも「公平」とは何か

金岡　結局、公平とは何か。この話をした方がいいよね。

櫻井　本当に極端な話だと、消費税みたいに収入や年齢・性別に関係なく誰からも一定に徴収するのがいわゆる「水平的な公平」に近い。所得税みたいに累進課税制度がある税金が「垂直的な公平」。そう習った時に、どちらも存在しないとこの社会は駄目じゃないかって、高校生なりに思ったんですよ。だから、公平って何だろうと思って。私、これも全然分からなくて。

金岡　結局、公平という言葉がどうやって持ち出されるのかと考えたら、今の制度を「公平じゃない」と批判するために使うことが多いのでは。実際、公平かどうかなんて分からないし。

櫻井　**公平ってすごく相対的な言葉ですよね。個人の価値観にすごく依存する言葉だし。**

金岡　公平という言葉を出して議論すること自体が、どうなんだろうと思っているけど、公平という言葉を使って批判する人も一定数いるから。それに対してどうやって反論していくのかな……。

櫻井　でも、公平じゃないと批判する人って、自分が不利益を被っているからそう言うんですよね。

日下田　とか、批判したい材料に使う。

櫻井　おいしい思いをしている人が自分よりいるじゃない、とか。

日下田　ずるいって、個人的な感情として起こると思うんですけど。でも完全な公平って、ぶっちゃけ不可能だと思ってほしいな。

櫻井　ないですよね。生まれてきた時から顔も家も違うのに、そんなに同じに並べようとしないほうがいい。

わかる!

金岡　健康なサラリーマンは、不公平を感じるんだろうなとはちょっと思うけど。医療費を使わなくて、介護保険や年金も払うだけみたいな人。そういう人には、20年、30年先を見てほしい。年金をもらうようになってから。

日下田 **長期的な視点が不足していることが、世代間格差の話にもかかわってくる**と思う。働き始めた後すぐは元気だし、払うことが多くて給付を受けることもあまりないから、すごく上の世代の方を見ると、私は払っているのに受けていないなという思いはあるんですけど。

でも、実際に年を取ったら受け取る側になると考えれば、仕方がないのかな。そこで、早く死んだらどうするんだ、みたいな話をする人もいるけど、そんなのしょうがないだろうし。

うんうん……

櫻井 そう、いつ死ぬかなんて分からない。

日下田 その辺はもう、なんというか……達観してほしい。「80歳まで生きなかったら損でしょう」みたいなことを言っている人も、分からないじゃないですか。明日交通事故で死ぬかもしれないし。そんなの誰にも分からないのに、グダグダ話しているのもなんだか。で、公平・不公平の話を一緒にするのはちょっと違うんじゃないかと。

金岡 **80歳まで生きることの「安心」も含めた社会保障**だということを、ちゃんと理解してもらえたらいいんだよね。

櫻井 でも、長期的な目で見るといっても、今つらいものは今つらいんだよ！とも思っちゃう。先輩にも、大学受験なんてすぐ終わるからって言われるけど、今つらいのに。私は今つらいんだよって(笑)。

ははは……

櫻井 だから、ボーナスとしての「健康ゴールド免許」。年を取るまで社会保障の恩恵を受けることがない人たちにとっては多分これはいいと思うんですけど、そうしたら不健康な人が悪いとか、金を使うやつが悪いというような考えが生まれるわけじゃないですか。だから難しい。

金岡 確かにインセンティブがあった方が、そういう人間は喜ぶんだろうけど……。

櫻井 でも、いつ誰がどうなって、たとえば家族が突然がんになったとか病気になったとか……予期不能なリスクに対して払われるものだから、確かにインセンティブも必要だと思うんですけど、この形で導入するのはちょっと違うのかな。

金岡 それが制度を壊すことにつながりかねない。

得する、損する、安心を得るとはどういうことか

日下田 ここで皆さんに聞きたいんですけど、将来こういうことになったら安心だって思えることが、自分にとっての利益だって思います？　私は思えるようになったので、それはいいことかなと思うんですけど。

櫻井 **ある意味、社会保障だったらお金で得るわけじゃないですか、安心を。**税金を納めるとか、一応自分のお金を費やすことで安心を得るという、要するに安心をお金で買うみたいなところがいいことだと思えるか……。

日下田 それを得ている、得していると思えるかどうか。金銭的には返ってきていないわけで……。

金岡

櫻井 給付がない時点でってこと？

日下田 保険料などを払っていても今はすぐにリターンはないけど、たとえば、将来自分が障害を負ってしまったときに返ってくるんだということが、得だなって思えます？

櫻井 私は、母がもうずっと寝たきりで、障害年金をもらっているし、あと国や自治体から指定難病の助成金ももらっているんですよ。私はそういう人が目の前にいるから、税金は払わないといけないなと思うんですけど、多分普通の家庭だったらそうはならないと思う。

社会保障の教育は重要

内田 自分も、授業で年金についての動画を見たので、加入しているだけで安心というのは得だなと思います。

金岡 多分、身近に知識のある人がいるか、自分で勉強するか、どっちかじゃないと、この「得する」という感覚は分からない。

内田 損したと思っている人は、多分その知識がないんですよね。

金岡 ちゃんと教えない学校にも原因があるし、

でも学校だけが原因でもないし。ちゃんと自分で調べてないその人のせいということも言えるし。

日下田 保険料を払うことで、将来、何かあったときには助けてもらえるんだということを知っていると、社会保障に対する信頼とか……。

櫻井 **見方がポジティブになりますよね。**

日下田 少なくともネガティブにはならない。マイナスにはならないから。これは、けっこう感覚的な問題じゃないですか。毎月、お給料から年金を天引きされてイライラすることもあると思うんですけど。「将来のためだからしょうがないな」と思える人と、「なんで俺はこんなに払っているんだ、返ってこないのに。宝くじを

買った方がましだ」みたいになる人と。そういう感覚的なところもすごく関わってくる。

櫻井 **感覚を養うには教育が大事だなと思う。**大学や高校で、専門的な知識を適切に学ばないと、多分そういう感覚はその後一生、養われる機会がなくて、金だけ引かれているわ、アベ死ね、みたいにしか考えられなくなる。

あはは……

金岡 専門的な知識を、しかも適切に学ばなきゃいけない。

櫻井 それこそ、SNSとかで情報の取捨選択を間違えると、すごく急進的な、ちょっと偏った意見を丸のみにしてしまう人もいるかもしれないし。

社会保障を損得勘定で考えないこと、をどう伝えるか

櫻井 私、授業ですごく思ったのが、社会保障に損得勘定を抱いちゃいけないなって。**損得勘定が発生した時点で、もう社会保障の意義が成り立たない**というか。

内田 確かに。

櫻井 損とか得とかを考え始めれば、それこそ共助*の考えが成り立たなくなってくるから、損得を社会保障に持ち出してはいけないなというのはすごく思いますね。

うんうんうん…

日下田 そのことをどう伝えていくか。これからの発信方法にもつながってくるんですけど、社会保障ってけっこう幅広くて、学校もカリキュラムがパンパンで、教える気もあまりない。そんな状況で何を教えていくか。

社会保障は損得勘定ではかるものではないこと、どう捉えるべきかを教えるだけでもけっこう違うのかなと。社会保障の成り立ちから伝えるのは時間がかかるし、いろいろな問題があると思うので。お金で返ってくるから、１００万もらえるからラッキーみたいな話じゃないんだよという考えを伝えるだけでも、けっこう違うかなとは思います。

金岡 民間の保険と、この社会保険のことを#、ごっちゃにする人がすごく多いんですよね。

＊自助、共助、公助→一一七頁
社会保険の仕組み、民間保険との比較→p.008

日下田 そこは別だよ、とまずは教えるとか。

櫻井 それこそ民間保険だったら、ありますよね。何年間か病気にならなかったら、余分にお金をいくらかもらえるとか。民間の保険だからこそ、消費者に選んでもらうためにそういう強みを作ることは必要だと思うんですけど。

　でも、社会保障は国が税金や保険料でやっているものだから、そこを混同するのは、そもそもの趣旨、保険や保障自体の存在意義からして違う。

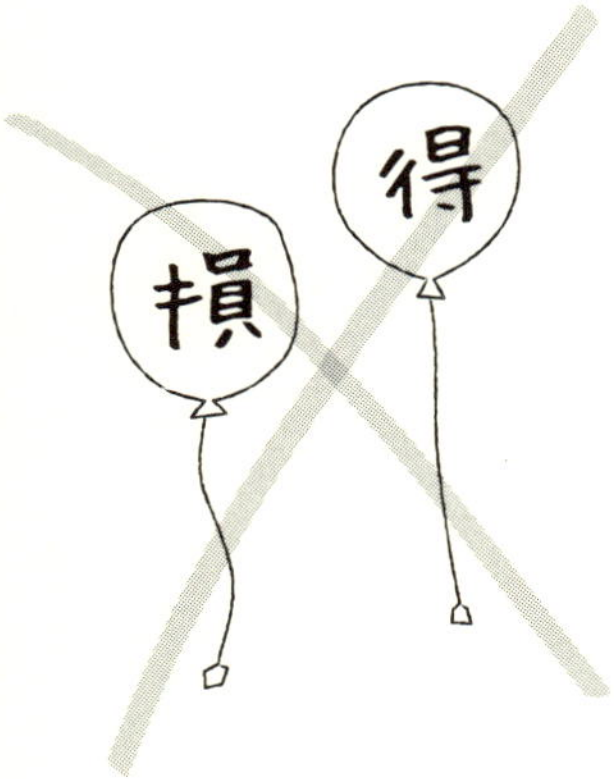

「高齢者」をどうとらえるか

金岡 （用紙を見ながら）これ、すごいよね。経済産業省の若手官僚が作った資料って、ネットですごくバズられていて。でも、読んだら分かるんだけど、「いつまで耐えられるのか」と言いながら、結局自分の考えを代弁させているというか。高齢者イコール弱者と扱っているわけでもないし、実際問題として身体的には弱者というか、彼らは病気にかかりやすいわけじゃないですか。そういう人たちを支援するシステムはちゃんと作っていかないといけないと厚生労働省が考えているのに、経済産業省が脇からこうやって突っついてくるのはどうなのかとはすごく思う。

櫻井 これ、あたかも自分の意見を国の方針のように……なんかうまいですよね、書き方が。問題提起して、読者を不安にさせて。でも**国が考えないといけないのは具体的な解決策であり、そのプロセス**じゃないですか。なのになんで問題提起だけして終わりなのかな。ただ不安をあおっているだけみたいなところがありますよね。

日下田 これ、方向性としては、まあその通りかなとは思っているんだけど。

金岡 そうだね。

日下田 はっきり言って、医療・介護・年金の3つのお金、高齢者のために拡充できるわけでもないし。高齢者自身の考え方、とらえ方も大きいのかなと思うんですよね。私の祖母も、「私なんて」みたいによく言うんですけど……。

櫻井 ふさぎ込んだり、自己否定みたいに……。

あらら……

日下田 高齢者に対してあまりよくないイメージを自分自身で持ってしまっていて、年を取っているからもう駄目なんだ、みたいなことを思ってしまっている。
　それで今、高齢者にも活躍してもらおう、という話も社会としてはあって。

櫻井 **あー、**ありますよね。

日下田 何とか支えてもらおうという社会、働く側として支えてもらおうということもあると思うんですけど、高齢者だったらこうしないといけないという意識もすごくあって。不安だから病院にすぐ行ったり、自分をすっかり高齢者だと思い込んでしまっている。だから、何か些細な問題があると、もう駄目なんだ……ってなる。

　私から見たら、まだ何とかなりそうなんですけど。不安に駆られて、医療にすがらなきゃ、介護にすがらなきゃというふうになっているので、そこら辺の価値観とか……。

櫻井　個人差がありますね。私のおばあちゃん、逆にすごく元気で超ポジティブなんですよ。今、78歳なんですけど、普通に10歳代の食事について来てくれる。マジで。

日下田　櫻井さんのおばあさんはまたタイプが別ですね。

櫻井　対極ですよね。

日下田　一概にどうとは言えない。人による。

金岡　働きたい人間には、働ける場を作ってあげればいいし……。

日下田　引退して働きたくなければ、働かなきゃいい。

金岡　そう、国がちゃんと養う。

日下田　定年を上げようという話は、すぐ「俺たちをそんなに働かせるのか」となるんですけど、中には、仕事にやりがいを感じているからもっと働きたいと言う人もいるから。

　60歳で引退したい人はどうぞしてください、でも70歳まで働きたい人がいるんだったら、その人たちが働ける道を作ろうよということなんだと思う。なんかもう、議論が両方に振り切れちゃって……どっちかみたいになっている。

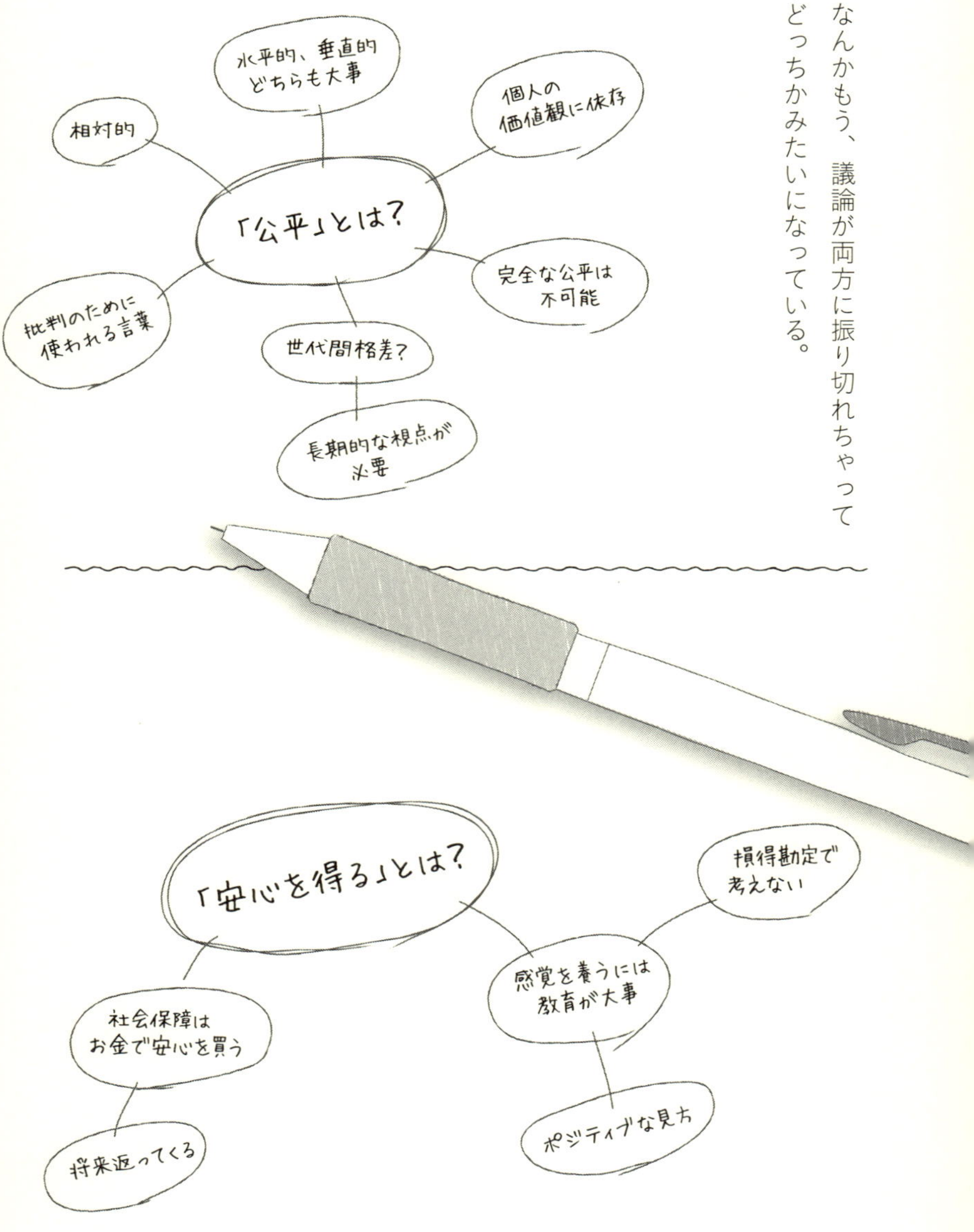

哲学カフェノート
～あなたも考えてみませんか？③

何が公平かについての議論で、「すべての人が納得できるような公平な仕組みは存在しない。それを理解していることが、世代間格差の問題を考える上で大切だと思う」という意見が出ました。大事なポイントだと思います。

高齢者偏重の社会保障については、高齢者の数が多いので、高齢者向けの給付が多くなるのは仕方ないとの意見が出ました。ただし、「パイを取り合うのではなく、全体のパイを増やす努力をもっとすべき。増えた分は、高齢者に全部振り向けるのではなく、若者世代への振り分けを増やしてほしい」との声が上がりました。

日本の社会保障の給付や負担の水準はどの程度なのでしょうか。「パイ」を考えるにあたり、日本と同様、少子化や高齢化が進む諸外国と比較してみるのは有益です。もちろん、制度が違うので一律に比較はできないものの、興味のある人は調べてみてください。国際比較をしながらモノを考えることは、社会保障以外でも、さまざまな面で役立つと思います。

社会保障の「根っこ」に関する議論もありました。日本の社会保障の根幹を成している「社会保険」の仕組みについて、「私たちは、見返りがないとすぐに損だと考えがちだが、社会保険は損得で考えるべきではない。むしろ、安心感を得ているということが大事なのではないか」という意見が出たのは印象的でした。社会保障の専門家を名乗る人の中でも、社会保険と民間保険の違いが理解できていないのでは、と思われるケースが見受けられます。社会保障は何のためにあるのか、その基本理念は何なのかという議論を、ぜひ、読者の皆さんにもしていただければと思います。

（猪熊）

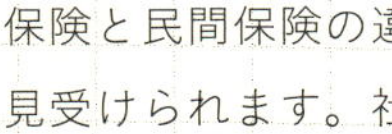

パンッ
それでは皆さん
そろそろ発表していただきましょう
1.「公平」とは何か？
2.社会保障は高齢者偏重？
3.「損する」とは？「得する」とは？
4.「安心を得る」とは？
4種類のテーマから各グループどれについて話し合ったかを教えていただき
どういう議論があったかを報告していただければと思います

グループ1
私たちのグループは
大きく「公平」とは何かをテーマに話し合いました

まず「水平的な公平」と「垂直的な公平」について社会保障の負担という点で考えました
どんな所得層でも一律に負担する
水平
垂直
所得に応じて段階的に負担額アップ

お金持ちに年金を給付することは必要なのか
年金は支払わない！
金持ちに年金は不要!!
もし年金を給付しないとなると国家の分断につながってしまう
そういう考えはよくないかなと……
子育て支援の財源は誰が負担するのか
これは
大人になった時に、自分は子育て支援があったからこそ
今こうやって生きているという考えになるので
結論として国民一人ひとりが負担していくしかないかなと
最後に高齢者偏重の社会保障を
若者世代へ振り向けるべきか
現実として今の高齢社会の中で
高齢者にある程度多くいくのは仕方ないことで
質問自体がナンセンスだという話になりました
！

この質問がナンセンスというのは
若者に振り向けること自体がナンセンス？
はい
たとえば医療保険とか若者にとってはそこまで使う機会が多くなかったりするので
なるほど……
私たちのグループのテーマは大きく２つ
グループ２
・健康ゴールド免許
・公平とは何か
健康ゴールド免許は健康だった人が医療・介護で
インセンティブを与えられるという話ですよね
得
車の運転でのゴールド免許と重ねた案ですが
リスクに着目して違いを考えてみました

医療・介護の場合
運転免許の場合
・年齢によって事故を起こす確率はあまり変わらない
・気を付けると効果あり
・高齢になるほど無条件にリスクがあがる
・注意しようのない病気ほど医療費がかかる
ほかにも考えられる例として
たとえば60歳でゴールド免許を持っていて
70歳
62歳
追加医療費
60歳
GOLD
がんで2〜3年で亡くなった人と
その後70歳でがんになって亡くなった人
トータルの医療費は後者のゴールド免許を持っていた人の方がかかってしまう
とするとこの仕組みがうまくいくのか疑問です
公平について
お金持ちに年金を給付しないとなると
払うだけで何の関係もない制度になってしまう
制度自体がうまくいかなくなるのでこれは棄却しました
子育て支援についてはグループ1と同じで
これは誰が支えるのかというと
支援を受けた子どもが
親世代になり支える側になる
全員で頑張りましょう、と

全員で……
はい
たとえば
子どもを
持たない家庭も
むしろ
高齢になった際に
他人の子どもが
制度として自分を
支えてくれる
子育てはみんなで
やっていくものだなと
高齢者偏重の話は
そもそも偏重なのは
当たり前で……
じゃあ高齢者が
若者に渡されるべきものを
取ってしまっているか？
そんなこともないし
ギリギリの
生活の
人も……
そもそも全体の社会保障費が
少ないことが問題であって
割合で公平・不公平を
考えること自体が
おかしいのでは
ないでしょうか
以上です
ありがとう
ございます
では
最後の
グループ……

グループ3
私たちは
「公平」とは何か
それから社会保障と損得勘定について主に話し合いました
公平については
世代の違いなど見方によって変わります!
すべての人が納得できるものはなく
まずは自分と他の人とで違う見方があることを
理解していくのが第一歩になると思います

お金持ちへの年金給付については保険料を支払う側の給付を受け取る権利は保障されるべきとの意見
年金は全員で支えているので
全員にもらう権利があるべきですね
それに対して子育て支援
こちらは所得を生み出せる年代中心にはなりますが
全員で支える枠組みがあるといいなという話になりました
お年寄も少しだけ関与
高齢者偏重の社会保障は
グループ2でも話していたようにある程度仕方ない
もしこれからパイを増やすならその分から
若者世代へも割り当ててほしいですね
最後に損得勘定について
まず大前提として社会保障は金銭的な損得で判断すべきではない
社会保障は安心感が得られるものそれが自分にとって
得なことだという感覚を養うことで
社会保障の根本の「共助」への理解も深まるのではないかと
以上です

＊シルバー民主主義→一一七頁

なるほど……
ありがとうございます
インセンティブについては第1回会議であったほうがよいという話もありましたね
そういえば
はい私が……
ぱっと見はすごくいいんじゃないかと思ったんですけど……
たとえば健康ゴールド免許―
3年間病気にならず健康保険を使わなかったらもらえるとして
2年11カ月目
調子が悪いけど
あと1カ月我慢だ
治せない状態の癌ですよっ!!
なんてことになったら……
メリットもあるけどデメリットも考えないといけないな、と
私たちのグループでも
別の観点からのデメリットを話し合いました
もし健康ゴールド免許のようなインセンティブをつけると
病気になったのが悪い!!
社会保障費使いすぎ!!
「アンチ不健康」みたいな風潮が生まれかねない

誰もが等しく
享受すべき
社会保障で
インセンティブを
つけるのは危ない
という話になりました
賛成です
同じく
社会保障
といえば
国から国民に
与えられる
べきものだから
善悪をつけたり
するべきものでは
ないですね
私も
似た意見
なんです
けど

不健康な人って
なりたいからなっているわけじゃないだろうし……
その人に対して
「こいつは国の社会保障のお金をたくさん使っている」
という概念が社会全体に刷り込まれたら
怖いなって……
国としてインセンティブを設ける方向なのは
危険かなと思いました
インセンティブについて
「健康ゴールド免許」を素材に有意義な議論ができました
健康づくりや自立支援に向けたインセンティブの強化策については最近、いろいろな議論や
検討が行われているので興味のある人は調べてみてくださいね

では
まとめに入りましょう
百瀬先生
全体としてどうでした?
面白いと思ったものをいくつかあげると
まずは「健康ゴールド免許」の議論
GOLD
運転事故のリスクと病気のリスクが全く違うというのは
◎健康に気を遣える人は生活に余裕がある
食べ物を選べる
住む所がある
健康診断や保健指導を受けられる
◎カツカツの生活をしている人はそんな余裕がない
菓子パンくらいしか買えない……
100
健康なものを選べない
その通りだと思います
むしろ健康なものを選べない人の負担が高くなるのは
望ましい社会とはいえないなと

とまぁ、僕も皆さんと同じような考えを持っています
次に
お金持ちに年金を給付することは必要かについては
「分断されてしまうんじゃないか」
という視点がすごく面白い！
社会保障は所得の再分配の仕組みが強いので
ある程度お金のある人はない人よりも多く負担する
でもお金持ちの人の支持がなければ社会保障全体の支持も得られないので……
共感しました……
行きすぎるとよくないのかなと

それから「こども保険」の話
よくある批判でたとえば高等教育の無償化
尋ねてみると――
賛成
学生
反対
卒業生
分からないでもないんですつい我々はこういう感覚を持ってしまう
いかにそういう考えの人たちに負担を求めていくことのロジックを作るかが大切
子どものいないケースなども
皆さん一所懸命に考えてくれて
面白いなと思いました

街で大人にインタビューをしてもこんなふうな答えは出てこないでしょう
しっかりとした考えを皆さん持っていて……
皆さん
本当にありがとうございました！
ありがとうございました!!
面白かったねー
先生……質問が…
ガヤガヤ
こうした若者の言葉や考えをちゃんと伝えないといけないですね
盛り上がりましたねー！
今の子はインスタとか使ったりした方がいいんですかね……？

漫画：黒丸 恭介

社会保障の哲学カフェのすすめ

＃社会保障はじめました ＃哲学カフェ ＃議論は楽しい ＃自分事化
＃若者世代の意見 ＃社会に発信 ＃実際に開いてみよう

社会保障の議論は楽しい!!

日本の社会保障は、どのような考え方や価値観に基づいているのか、考えたことがありますか？

普段なら友人同士の話題にもならない「社会保障」について、ちょっとまじめに考えてみましょう。

この章には、**「社会保障の哲学カフェ」**を自分たちで開いてみることのすすめと、そのためのヒントをまとめています。

友人同士集まってでも、地域コミュニティでのイベント企画でもよいでしょう。ぜひ、あなたが「社会保障の哲学カフェ」を開いてみてください。

はじめは言葉にするのを遠慮し合っていても、すぐに話が膨らんで盛り上がっていくようなテーマもあります。

人と共有することで、社会保障が**「自分事」化**していきます。

そもそも、「哲学カフェ」ってなに？

「哲学カフェ」ってなんだろう？

そう思われた方もいることでしょう。もともとは、フランスの哲学者マルク・ソーテが、パリの街角のカフェで哲学の討論会を一般市民向けに開いたのがきっかけとされています。今では、日本を含め世界中で、いろいろなスタイルの「哲学カフェ」が行われています。

「哲学カフェ」には細かい定義や決め事はありません。新しい成果や創造を目的としたものではなく、一つの結論を出すことも目的にはしていません。ここでは、話して、聞いて、共に考えるという過程を通して、新たに何かに気づいたり、思考を深めていくことが重要になります。

社会保障を楽しくまじめに考えるための「しかけ」

「社会保障の哲学カフェ」は、言うなれば、親しい友人、家族、学校の仲間、地域交流のメンバーなどが集まって、社会保障のテーマに触れ、自分で考え、自分の言葉で話し、人と共有する機会を持つための「しかけ」です。

カフェに人が集まるように、お茶を片手にリラックスした雰囲気で、楽しくまじめに語り合う。その会話のネタが「社会保障」であるならば、どこでも気軽に「社会保障の哲学カフェ」がスタートします。

「社会保障の哲学カフェ」に参加した学生の声（一部）

対立した意見があっても、
どうしてそういう議論に
なるのかを
考えることができて、
すごく充実した時間
となりました。

大学で社会保障を勉強していても、
得た知識をアウトプットして情報を
共有できる機会ってなかなかない。
面白かったし、
こうした場があることは
ありがたい。

いろんなバックグラウンドの
人が集まって、
正しいロジックをしっかり
積み重ねていって、
一体感が出てきた。それも
社会保障のテーマで！

人前で話すのがそんなに
得意ではないのだけど、
少人数だったので少しは
意見が言えたのかなと思う。

正しく情報発信をしていくことで
合意形成できる可能性って、
すごくあるんじゃないのかな。
これからの社会保障、
けっこうポジティブに
考えています。

このような若者世代の意見を
どんどん社会に発信し、
より深く、
社会全体で社会保障について
考えていけたらいいな。

今まで自分の中で
ぼんやりと考えていたことを、
多くの人の意見を受けて、
さらに発展できたように
感じて嬉しかった。

社会保障って
一つに答えが定まらないからこそ、
こういったディスカッションの場で、
いろんな価値判断に基づく自分の考えを
発表していったり、知識の普及のさせ方が
すごく大事だと感じました。

正しいか間違っているか
ではなくて、
それぞれの考えを
共有し合うということに
意義がある。

考え方や思うことは
変わっていい。
むしろ
変わることが普通。

政府の提示した政策などを見て、
すぐ直感的に良し悪しを判断せず、
自分のことに置き換えて
将来をシミュレーションして
考えることが
大切だと思った。

基本のルールはたった2つ

その①

「日常の中での社会保障」について考えてみること。

その②

その場で答えを一つに絞ったり、無理に結論づけようとしないこと。

哲学カフェでは、常識を疑うこと、誰もが知っていることをあらためて問うことで、考えが深まり、議論が充実しやすいとされています。

この意味で、社会保障は制度のことなど、誰もが知っているわけではありません。

そこで、ルールその①が大切になります。身のまわりの生活の中での社会保障を意識することで、思考を深めやすくなります。

社会保障は、私たちが社会で生きていく上で必ず関わる仕組みです。一人ひとりの人生の分だけ、社会保障との関わり方があり、経験や知識で形成される「思考の枠（フレーム）」があります。

社会保障について、自分の枠と他の人の枠はどこが似ていて、どう違うか。それぞれの見方やその変化を尊重し、これまで知らなかった社会保障の何かに気づくことができれば大成功です。

社会保障を楽しく「哲学する」ために

多様な人が集まる哲学カフェでは、世代間の格差やそれぞれの価値観の違いなどから、意見の対立も出てきます。また、議論をしたい人、教えたい人、黙って話をききたい人……いろいろなタイプの人もいます。

基本ルールに補足して、社会保障を楽しく「哲学する」ために気をつけたいことをまとめました。

◎「あなたは」「あの人は」ではなく「一人称（私は）」で話してみる

◎自分の意見は積極的に発信する

◎他の立場の人の意見を傾聴し、全否定しない

◎一人の発言で時間を独占しないようにする

◎自分の意見が変わることをおそれない

◎意見の衝突を個人的なことと受け取らない

◎難しい言葉を使うときはできるだけ分かりやすく説明する

◎新しい出会いと人脈を発展させる

ファシリテーター・メンターの存在

ワークショップ（体験型講座）では、場を活性化させる役割を持つファシリテーター（進行役）の存在が重要だといわれています。

現在の日本の社会保障にさまざまな課題があることは、ここまで本書を読んできた皆さんはお分かりかと思います。

社会保障は公共の課題であり、行政が行うものが多く、また行政の担当部署も細分化されています。そのため、社会保障の政策全体を通して詳しい人の絶対数が少ないという現実があります。社会保障を専門にしている先生などが、身近にいることはほとんどないでしょう。

ファシリテーター以前に、メンター（先生役）がそもそも不足しているのです。

未知への好奇心を満たすことは楽しいことです。知識を持っている人がいると、場がより楽しくなります。

本書を読んだあなたは、社会保障についての数少ないメンター（先生役）になれます。

ぜひ「社会保障の哲学カフェ」を開いてみて、ファシリテーターとしての経験を積んでください。

「社会保障の哲学カフェ」を開いてみよう

どんなテーマで話せばいいの？

あなたが開こうとしている「社会保障の哲学カフェ」に集まる人たちの属性に合わせて、テーマを設定しましょう。

社会保障というと、年金や介護など高齢期に向けたものをイメージしてしまいがちです。しかし、社会保障は一生を通じて私たちの生活を守る、非常に身近なものです。

たとえば、高校生の友達が相手なら、学費等の学校に関わる問題、就職に関する話題など。小さな子どもがいるママさん同士で集まるのであれば、出産や保育にまつわる話が考えを深めやすいでしょう。

もし、さまざまな世代が集う場を計画するなら、一生の間にどんな保障を受けていくのかを各々が自分の世代を代表して考えるのもよいかと思います。

社会保障は、自分一人で解決できないことを解決するための仕組みともいえます。このことに気づくだけでも意味があります。

テーマの作り方のコツ！

ライフサイクルに関連する社会保障のキーワード（例）

出産　保育　学費　就職　失業　労災　年金
障害　貧困　親の介護　退職　老後　医療　など

＋

考えるためのキーワード（例）

公平　不公平　安心　不安　関心　無関心
平等　差別　区別　責任　価値　など

キーワードを組み合わせてみよう！

組み合わせ（例）

- 保育園制度は公平だと思いますか？
- 貧困は自己責任だと思いますか？

人を集めるには？

自分を含めて2人、対話ができる人数がいれば開くことができます。まずは身近なところで、友人同士、家族同士からスタートするとよいでしょう。一人ひとりが積極的に発言する機会を確保するには、5～6人程度までが適しています。

知らない人同士が集まる場合は、最初の緊張をほぐすために、アイスブレイク（場の雰囲気を和ませる手法）として自己紹介などの時間を取るとよいでしょう。自己紹介の中で、それぞれの興味があることや、実際に関係した社会保障について共有してもらうと、話題が増えます。

慣れてきたら、哲学カフェの場を少しずつ広げていきましょう。

場所は？

具体例

喫茶店の一画、学校の教室、公共施設（公民館など）の会議室など

「哲学する」ために特別な場所は不要です。ただ、お互いの声がしっかり聞こえることは大事です。人数に対してあまりに広い場所、騒音がある場所などは避け

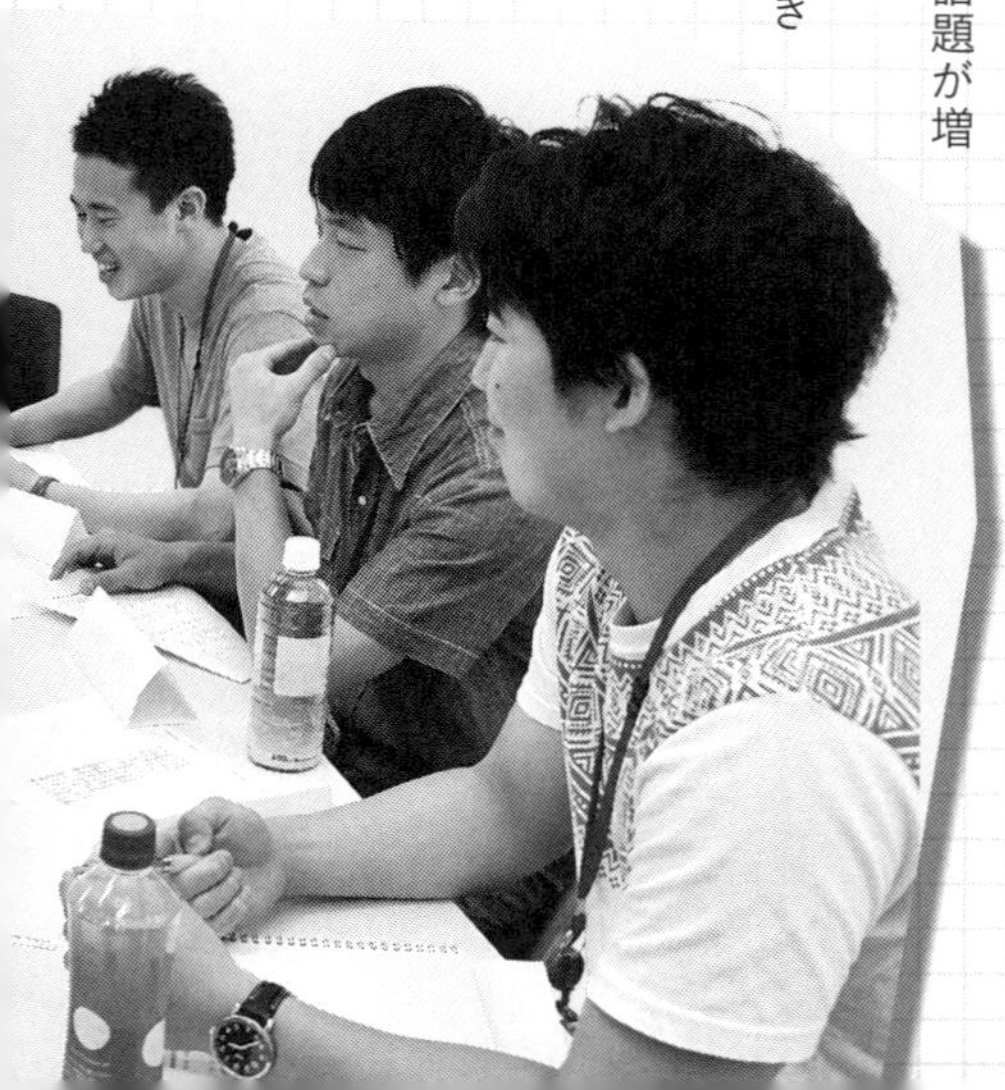

ましょう。

必要な設備、用意するものは？

プロジェクター・ホワイトボードなどは不要です。資料やメモがおける程度のテーブルと、参加者が座れる椅子があれば、そこが哲学カフェになります。

哲学「カフェ」ですので、美味しい飲み物やお菓子があった方が話や思考が弾みます。

知らない人同士が集まる場合は、名札やネームプレートがあるとよいでしょう。

時間は？

時間の設定は自由です。あらかじめ決めた時間がきたら、そこで終了となります。1時間程度でも十分盛り上がりますが、じっくり話すために2〜3時間行う場合が多いようです。

最初に用意したテーマから、ある程度の時間配分を想定しておくことは大切です。

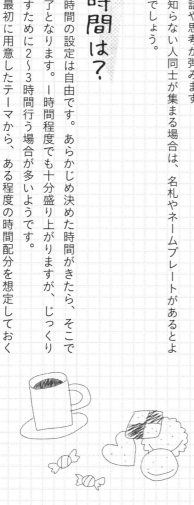

実際に計画を立ててみよう

☑ テーマ　障害者への差別って何だろう？

☑ メモ

- 2016年に障害者差別解消法施行。何が変わったのだろう？
- 自分では差別している気など全くなくても、差別になっていることもあるかも
- 誰だって、ある日突然交通事故に遭って障害を持つことがあるかもしれない

☑ 参加者　仲のいい友達

☑ 人数　3～4人程度

☑ 場所　行きつけのカフェ。
バリアフリーを意識してまわりを見てみる

☑ 日程、時間　休日、2時間くらい

☑ 進行予定

① 哲学カフェの基本ルールなどの確認

② 生活の中で、これは差別なのかなと思ったことをあげてみる

③ それぞれについて考える

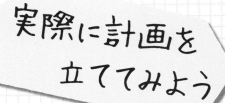

難しく考えすぎず、
必要事項を
書き出してみましょう!

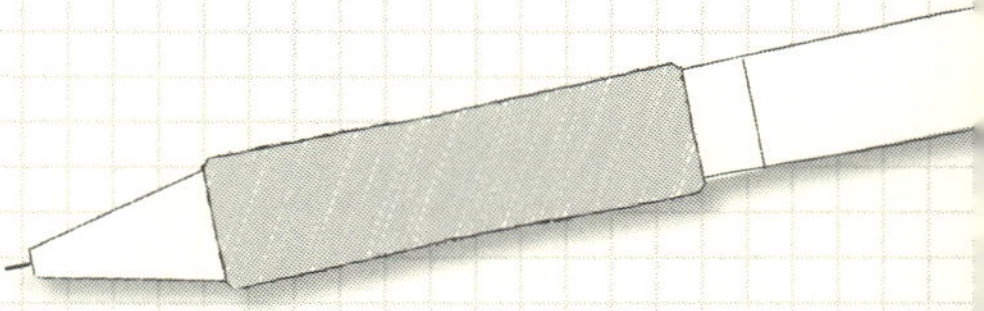

☑ テーマ　貧困は自己責任か?

☑ メモ
- 貧困を救済する社会保障制度として生活保護制度がある
- 貧困は自己責任だという人もいる。貧困から抜け出せないという人もいる
- そもそも貧困とは一体何だろう?

☑ 参加者　高校のクラス

☑ 人数　1クラス30人(1グループ6人で5つに分かれる)

☑ 場所　学校の教室

☑ 日程、時間　授業の時間でできれば。1〜2時間くらい

☑ 進行予定
① 哲学カフェの基本ルールなどの確認
② 貧困の事例を提示
③ それぞれが貧困にあたるかどうか、自分ならどう思うのか、グループごとにディスカッションを行う
④ グループ発表・まとめ

☑ テーマ

公的医療保険はどこまでカバーするのがいい？

☑ メモ

- 保険でカバーされる費用、されない費用にはどのようなものがある？
- 軽い風邪でも必ず医者にかかる人もいれば、全くかからない人もいる
- 国民医療費は年々増え続けている

☑ テーマ

年金はみんな同じ額にすべき？

☑ メモ

- 加入する年金によって保険料、受給額に差がある（国民年金、厚生年金など）
- 同じ額なら公平といえるだろうか？
- 年金の受給開始年齢を引き上げようという議論がある

☑ テーマ

子どもを産むのは損？ 得？

☑ メモ

- 少子化対策もあり、行政や企業などによってさまざまな子育て支援が行われている
- 自分が「損した」「得した」と感じるのはどんな時だろうか？

「社会保障の哲学カフェ」を身近なところで何度か経験したら、本格的なイベント企画も検討してみましょう。あなたが開く「社会保障の哲学カフェ」から、日本の社会保障が変わるきっかけが見つかるかもしれません。

高校生と高齢者による社会保障の哲学カフェ（案）	
目的 企画趣旨	地域コミュニティにおいて世代・立場が違う者が交流し、社会保障制度への理解を深める場をつくる。「高校生」と社会保障制度上の「高齢者」が集い、社会保障のテーマ・トピックについて、それぞれの意見を出し合う。
テーマ	・社会保障は私たちの何を守っている？ ・高齢者は優遇されている？　差別されている？ ・専業主婦という生き方をどう思う？
参加者	高校生、高齢者（65歳以上）
参加人数	・高校生と高齢者同数で、全体で6～20人程度 （高齢者3人＋高校生3人程度のグループが最大で3つ程度） ・司会およびファシリテーター1～3人
会 場	地域の公共施設（公民館会議室など）を想定
日程、時間	休日午後、合計3時間程度を想定
プログラム （進行予定）	・ミニ講演：識者による社会保障の基礎知識……30分 ・高校生・高齢者による社会保障の哲学カフェ……1時間30分 ・休憩……10分 ・グループ代表者による発表……40分 ・感想・まとめ……10分
運営方法 検討事項	・主要な参加者は特定の組織（高齢者の勉強会メンバーなど）、特定の高校に相談して声をかける。地域コミュニティの協力を得て、自治体・公的機関、NPO団体等を通しての募集も行う。 ・各種メディアへの告知、取材受付 ・地域コミュニティの支援を得るため、公開性・公平性を重視し、基準や制約を順守する。

社会保障、もっと知りたい！

本書（〇〇一～〇九九頁）の中に登場した、社会保障に関するキーワードをピックアップしました。

気になったことは、さらに資料を調べてみたり、他の人と話し合ってみることで、より知識や考えが深まります。

社会保障に関するキーワード

▼教育国債

大学等の高等教育の授業料を無償化した場合の財源に使うなど、使い道を教育政策に限定した国債のこと。自民党内で検討が進められています。なお、国債は、国家が財政上の必要から発行する債券のこと。平たく言えば「日本政府の借金」で、とりわけ、国が歳入不足を補填するために発行する赤字国債は、将来世代への負担の先送りとして批判があります。↓〇六二頁 〇六五頁

▼現金給付、現物給付

社会保障分野などで見られる給付の2つの形態で、「現金給付」は金銭を支給し、「現物給付」はサービスそのものを提供します。たとえば、医療保険の場合、医療機関で診療を受ける現物給付が中心ですが、出産時に手当という形で支給される現金給付も行われています。↓〇五五頁

▼健康ゴールド免許

自民党の若手議員で作る「2020年以降の経済財政構想小委員会」が2016年10月、2020年以降の社会保障のあり方について提言を公表しました。一定の健康管理に努めた人は、医療保険の自己負担を3割からさらに引き下げるなど、健康へのインセンティブを与えることを目的

とした「健康ゴールド免許」の創設などが盛り込まれています。→〇四五頁 〇七四頁 〇八七頁 〇九三頁

こども保険

自民党の若手議員で作る「2020年以降の経済財政構想小委員会」が2017年3月、保育・幼児教育無償化などの財源を保険料で賄う「こども保険」導入を柱とする提言をまとめました。現役世代や企業が支払う社会保険の保険料に上乗せする形で財源を集め、将来的には、小学校就学前の子どもの幼児教育と保育を実質無償化しようという構想です。→〇三〇頁 〇五三頁 〇六四頁 〇六九頁

自助、共助、公助

一般に、自分で働き、健康や生活を自分で守っていくことを「自助」、自助が基本ではあるけれど、病気や怪我、失業、年を取って働けなくなるといったリスクにみんなで備えることを「共助」、自助や共助では対応しきれず、既に生活に困窮している人を、国や自治体などが税金を使って救うことを「公助」といいます。→〇四五頁 〇七八頁

障害年金

年金は、年を取った時に受け取る「老齢年金」が一般的ですが、病気や怪我などによって障害が残った時に受け取る「障害年金」、一家の働き手が死亡した時にその遺族が受け取る「遺族年金」もあります。老齢年金と違って、障害年金や遺族年金は、若い時でも受け取ることができます。ただし、年金保険料を一定以上納めていない場合は受け取れないので、注意が必要です。→〇一二頁 〇七六頁

ジョン・ロールズ

アメリカの哲学者。1971年に刊行された政治哲学書『正義論』では、「社会や国家は、構成する個人相互の間の自由意思に基づく契約によって成り立つ」とする社会契約説から「正義とは何か」を考えています。→〇四一頁

シルバー民主主義

少子高齢化が進むと、有権者人口に占める高齢者（シルバー世代）の割合が増加します。その結果、高齢世代の利益になるような政策が打ち出されがちになるなど、高齢者層の政治的影響力が高まる現象をいいます。若者や中年層の意見が反映されにくくなり、世代間の不公平感が起こりがちになるなどの問題点が指摘されています。→〇九二頁

水平的公平、垂直的公平

「水平的公平」や「垂直的公平」は、税制に関して用いられることが一般的な概念です。税制における水平的公平とは「負担能力が同じ人には、同じ負担を求めるのが公平」とする考え方で、垂直的公平とは「負担能力が高い人には、より大きな負担を求めるのが公平」とする考え方です。なお、社会保障分野では、「垂直的再分配（所得の高い人から低い人へ所得を再分配すること）」や「水平的再分配（同程度の所得水準の人の間で所得を再分配すること）」という概念を用いることが一般的です。↓〇二六頁 〇七二頁 〇八五頁

生活保護

生活に困った時に、生活費や医療費、住居費などを保障して、自立した生活ができるように支援する制度。憲法に定められた「健康で文化的な最低限度の生活を営む」国民の権利を実現することを目的にしています。↓〇五八頁

待機児童問題

定員がいっぱいなどの理由で、自治体が認可する保育施設等に入所できなかった子どもを「待機児童」と呼びます。国は保育サービスを拡充していますが、共働き家庭が増えたことなどにより、特に大都市部で待機児童が増加し、その解消が課題となっています。↓〇五七頁

年金保険料の納付期間

老齢年金を受け取るには、過去に年金保険料を納めていることが必要です。国民みんなが加入する国民年金の場合、保険料を最低10年納めていれば、納付期間に応じた額の年金を原則65歳から受け取れます。この10年を「受給資格期間」といい、保険料を納めた期間だけでなく、収入が少ないなどで納付を免除されていた期間等も含まれます。受給資格期間を少しでも満たさないと、年金が受け取れない（無年金になる）といったことが起こります。↓〇一二頁

賦課方式

年金の財政方式の一つで、現役世代が支払う保険料が、その時点の高齢者の年金給付に充てられるやり方です。その現役世代が年を取ると、さらに下の世代が支払う保険料が年金給付に充てられ、順送りで仕送りをする形となるため、「世代間の支え合い」とも呼ばれます。一方、現役世代が支払う保険料を積み立てておき、その積立金と運用収入で老後の年金を賄うやり方を「積立方式」といいます。現在の日本の公的年金保険制度は、基本的に「賦課方式」で運営されています。↓〇五四頁

＃慶應義塾大学商学部

金岡 弘記（4年）
日下田 愛（4年）
小池 豪太（4年）
深水 健一郎（4年）
小林 郁也（3年）
渡部 和也（3年）

＃帝京大学経済学部

斧田 有輝（4年）
小林 一恵（4年）
関 恕憲（4年）

＃流通経済大学経済学部

内田 雅人（3年）
小松崎 翔太（3年）
髙橋 瞳子（3年）

権丈 善一（慶應義塾大学商学部 教授）

宮崎 三喜男（東京都立国際高等学校 教諭）

百瀬 優（流通経済大学経済学部 准教授）

会場協力 読売新聞東京本社

ご協力いただいた皆さま

本書の制作にあたって、2回にわたり実施した『若者世代による社会保障の本づくりのための企画編集会議』には、各学校の先生方のご協力などを得て、社会保障に関心がある高校生・大学生の皆さまにお集まりいただきました。

社会保障に対してどう考えているのか、どうすればよいと思っているのかなど、座談会形式のフリートークや、「社会保障の哲学カフェ」を通して聞かせていただいた率直なご意見や議論は、本書の内容に多く生かされています。ありがとうございました。

※敬称略。所属・学年・役職は会議実施当時のものです。

『若者世代による社会保障の本づくりのための企画編集会議』

第1回（プレミーティング）／2017年5月28日

第2回／2017年8月6日

#東京都立国際高等学校

大林 憲司 マテイ（3年）

櫻井 郁子（3年）

堀部 奈々（3年）

若月 瞳（3年）

Scicus
#社会保障、はじめました
立ちすくむ国を
生き抜くために
知りたかった
ので
猪熊 律子
読売新聞 東京本社編集局
編集委員

#社会保障、はじめました。

2018年6月20日　第1刷発行

著　者　猪熊 律子
発行者　落合 隆志
発行所　株式会社SCICUS（サイカス）
〒167-0042 東京都杉並区西荻北4-1-16-201
電話（代表）：03-5303-0300
ホームページ：http://www.scicus.jp/
印刷・製本　中央精版印刷株式会社

定価はカバーに表示されます。
乱丁・落丁の場合はお取り替えいたします。

ISBN978-4-86668-004-0　C0036

＃社会保障、はじめました。
立ちすくむ国を生き抜くために知りたかったので、

目次

第2章 国民皆年金の歴史

#社会保障、はじめました。

高校生・大学生がポジティブに語ってみたら、

目次

第1～4章の内容は、2013年5月から2014年3月まで読売新聞（YOMIURI ONLINE）の医療・健康・介護サイト「yomiDr.（ヨミドクター）」に24回にわたって連載されたコラム「一緒に学ぼう　社会保障のABC」に、本書収録にあたっての改編・追加・削除等の修正を加えたものです。

第1章

社会保障の基礎知識

経済の低成長、急速な少子高齢化などの時代背景を受け、社会保障は「給付の分かち合い」から「痛み（負担）の分かち合い」になったとよくいわれます。世代間格差論や損得論が出てくるゆえんですが、こういう時代だからこそ、社会保障の基礎知識を身につけ、根本から考えてみることが大切ではないでしょうか。

年を取って働けなくなったり、病気になったり、失業したり……生きていく上でさまざまなリスクがある中で、「暮らしの安心」をもたらす社会保障の仕組みを学んでいれば、その知識が自分の身を守る武器にもなります。

ここでは、日本の社会保障の根幹ともいえる「国民皆《かい》保険・皆《かい》年金」と、それを理解する際のカギである「社会保険」の概念や制度の成り立ち、仕組み等を中心に見ていきます。

日本の社会保障の根幹
国民皆保険・皆年金

社会保障は、「国民の生活の安定が損なわれた場合に、国民に健やかで安心できる生活を保障することを目的として、公的責任で生活を支える給付を行うもの」とされ、まさに、私たちの人生の安心の基盤といえます。

一般に、社会保障は、年金・医療・介護保険などの「社会保険」、障害者や一人親家庭などへの支援を行う「社会福祉」、生活保護制度として知られる「公的扶助」、病気の予防や健康づくりなどの「保健医療、公衆衛生」から成るとされますが、その基軸となるのが「社会保険」であり、日本の社会保障を特徴づける最たるものが「国民皆保険」「国民皆年金」です。

実は、国民皆保険・皆年金の法律上の定義はありません。しかし日本では、サラリーマンやその家族らは健康保険組合や全国健康保険協会が運営する「健康保険」（被用者保険）に加入し、それ以外の人（無業者や自営業者など）は都道府県と市町村が運営する「国民健康保険」（地域保険）に加入することとされています（なお、75歳以上の人はすべて「後期高齢者医療制度」に加入します。P.80参照）。

※被用者保険には「健康保険」のほかに、公務員などが加入する「共済組合」などがあります。

※ 65 歳以上の人を「高齢者」と呼び、中でも 65 〜 74 歳の人を「前期高齢者」、75 歳以上の人を「後期高齢者」と呼びます。

これら公的な制度でカバーされる人たちを合わせると国民全員となることから、「国民皆保険」と呼ばれているのです。

つまり、国民皆保険とは、すべての国民が公的な医療保険制度に加入し、その結果として、病気や怪我をした場合、「誰でも」「いつでも」「どこでも」必要で適切な医療が受けられることだといえます。

国民皆年金も同様です。日本では、サラリーマンや自営業者、専業主婦など20歳以上60歳未満の国民は、「国民年金」と呼ばれる公的な年金保険制度に全員が加入することになっています。学生も20歳以上であれば加入する義務があります。

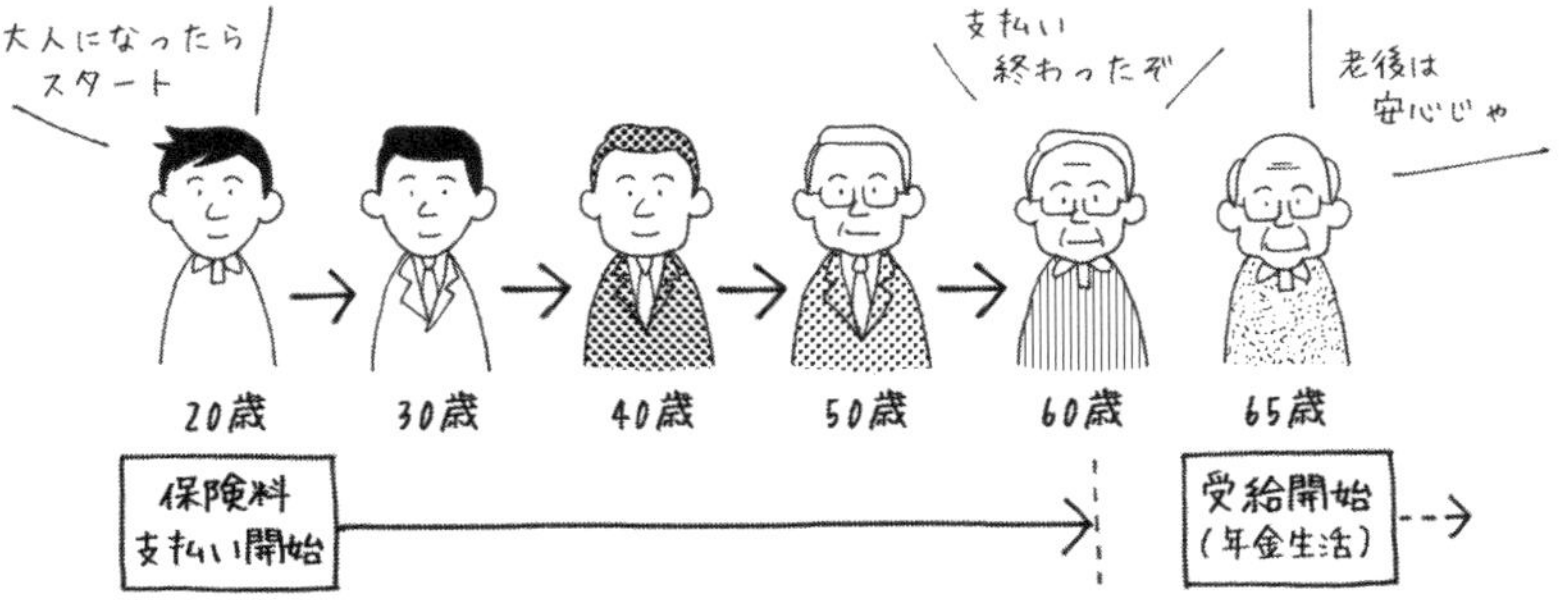

つまり、国民皆年金とは、すべての国民が公的な年金保険制度に加入し、その結果として、誰もが基礎年金を受給でき、老後の生活に必要な基礎的な収入が保障されることだといえます。

国民皆保険・皆年金は当たり前、は日本だけ？

「そんなの当たり前じゃないか、医療や年金は生きていく上で必要なものなんだし」と思われるかもしれません。確かに、日本に住んでいれば、国民の誰もが、保険証１枚で、どの医療機関にもかかれるのは当然のことだと思われています。年金も、老後の所得保障として国から受け取るのは当たり前のように思われています。

しかし、海外に目を向けると、必ずしもそうではないことがわかります。国民全員を、社会保険システムに加入させ、みんなに医療や年金を保障する――という日本の制度は、むしろ珍しいといえるのです。

もう20年近く前になりますが、私がアメリカに留学していた時、アメリカ人から「日本の医療は素晴らしい」と言われて驚いたことがありました。

「日本の医療費は世界の中でもそれほど高くないのに、日本では、国民全員が公的保険でカバーされ、しかも『フリーアクセス』といって、全国どこの病院でも保険証1枚で診てもらえる。平均寿命も長い。すごいね」

アメリカは、日本のような国民皆保険の国ではありません。その国の人から指摘され、日本に住んでいると問題点ばかりが目につくけれど、日本は他国から称賛されるような制度を築き上げてきたのだなと、気づかされました。

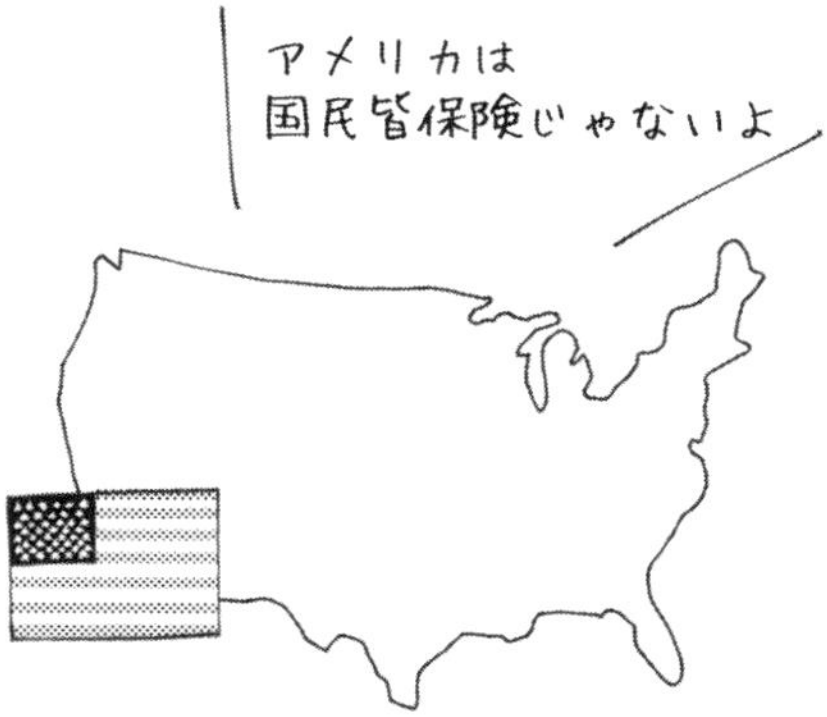

年金制度を調べに2004年にドイツを訪れた時には、日本が社会保障の制度を作る際にお手本とした国・ドイツも、国民皆年金ではないということを、改めて知りました。

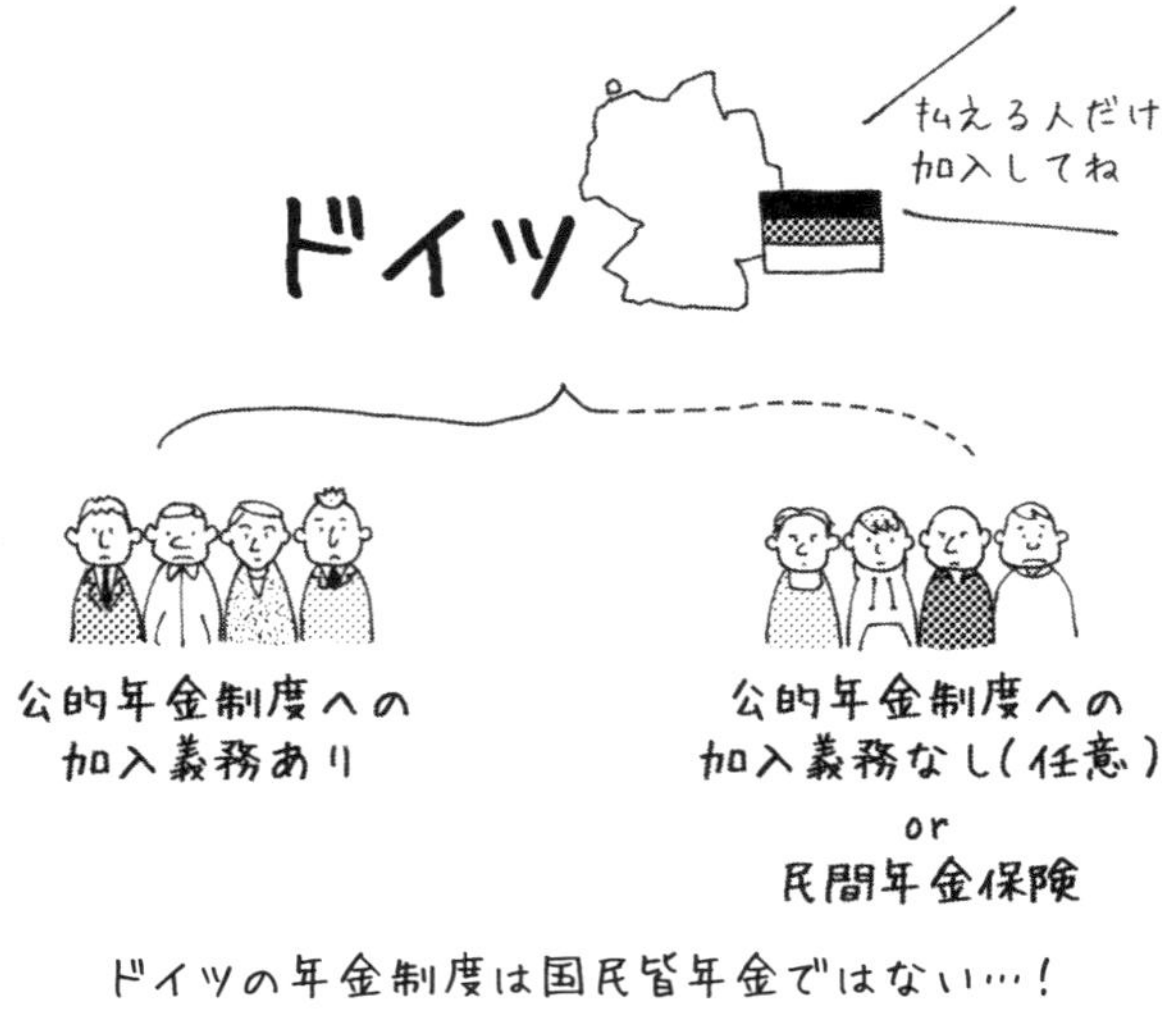

ドイツでは、勤め人と、ごく一部の職種の自営業者などは公的年金制度への加入義務がありますが、大部分の自営業者や、所得が低い人、無職の人などは加入の義務はありません。そうした人たちは、任意で公的年金制度に加入したり、自分で民間の年金保険に加入したりするのです。

社会保険の仕組み

なぜドイツは国民皆年金ではないのか、あるいは、日本はなぜ皆年金の仕組みを導入したのか——。それらを知るには、「社会保険」という仕組みを理解しておく必要があります。

❶ 社会保険とは

社会保険とは、「老齢、障害、疾病、失業、死亡など、生きていく上でのさまざまなリスク（保険事故）に対して、保険的な手法により、必要なお金やサービスを支給する仕組み」をいいます。つまり、あらかじめみんなで保険料を出し合い、実際にリスクに遭った時に、その保険料を財源として給付を行う手法です。

社会保険の代表的な制度としては、年を取って働けなくなった時に年金を支給する「年金保険」、病気になった時に医療サービスを提供する「医療保険」、介護が必要になった時に介護サービスを提供する「介護保険」、失業時に手当を給付する「雇用保険」などがあげられます。

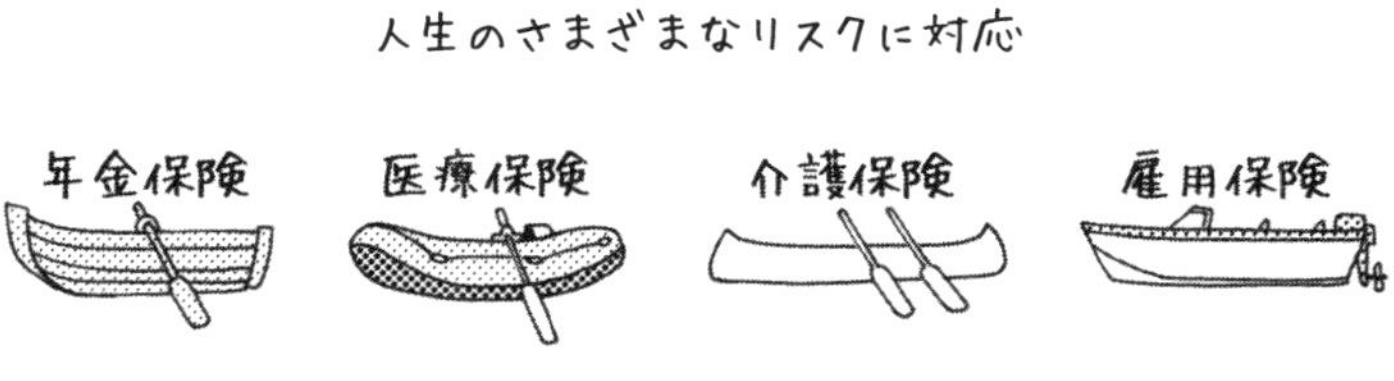

こうした保険のシステムでは、保険料を拠出できない人は、そのグループ（保険）に入ることはできません。ドイツの年金保険制度が無職者や低所得者を対象外としているのはそのためです。

社会保険の仕組みを用いて年金制度を運営している国は多いのですが、日本のように、保険料を払えない人まで制度に加入させ、全員に年金を給付している国はほとんどありません。

国民みんなに医療や年金を保障する皆保険・皆年金の仕組みは、とても寛大で理想的にも見えますが、保険料を払えない人まで制度に含めるなど、そもそも無理がある仕組みともいえます。日本はなぜそのような仕組みにしたのでしょうか。

また、その仕組みを取り入れたことが、今日の社会保障への不信や、社会保障が機能不全になったといわれる事態を招いているのでしょうか。

第２章以降、歴史を振り返ってその疑問を紐解いていきます。しかし、ここでは皆保険・皆年金を理解する際のカギともいえる「社会保険」の仕組みについて、もう少し詳しく見ていきたいと思います。

❷ 民間保険との違い

保険というと、民間の生命保険や自動車保険を真っ先に思い浮かべる方が多いかもしれません。民間保険も、一定の保険事故に備えて、多くの人が保険集団を作り、リスクを分散しようとする保険の手法を用いている点では同じです。ですが、社会保険とは大きく異なる点があります。

民間の保険会社によって運営される民間保険は、加入も脱退も自由（任意）となります。各自が抱えるリスクの程度に見合った保険料（リスク見合いの保険料）が設定されるため、たとえば、病気にかかりやすい人は高額な保険料となり、健康な人は低額な保険料となります。そうすると、病気になりがちな人は保険料が高すぎて、保険に加入できないケースも出てきます。保険事故への備えが必要な人ほど、保険に入りにくくなってしまうというわけです。

一方、社会保険は国や公的な団体によって運営され、法律によって加入が義務づけられているため、勝手に脱退することはできません。この強制加入・（保険料の）強制徴収の仕組みは、「リスクの分散」のほかに、「社会連帯」という理念にも基づいているため、民間保険で見られる保険の原理（リスク見合いの保険料）とは異なった負担の仕組みが採用されています。保険事故に遭う確率が高い人はもちろん、すべての人の生活上のリスクをみんなで分かち合おうという考え方です。そのため、保険料はリスクの程度によるのではなく、基本的に、所得などの支払い能力に応じたものとなっています。

民間保険と社会保険との比較

	民間保険	社会保険
特徴	・「個人の公平性」に重きを置いた仕組み ・保険原理に忠実	・「社会的な平等性や必要性」に重きを置いた仕組み ・社会連帯の理念に基づき、保険原理と扶助原理を併せ持つ
運営	民間の保険会社	国や公的な団体
適用	各自が自由に選択して契約（任意加入）	法律で加入が義務付けられる（強制加入）
保険料	・リスクの程度に見合った負担	・支払い能力に応じた負担 ・費用の一部を公費（税金等）で補助

そうした助け合いの仕組みによって、保険事故に遭う可能性が高い人や収入の低い人でも継続して保険に加入し続け、必要な給付を受けられるようになっているのです。

❸ 社会保険の財源

社会保険の財源は、原則、保険料です。サラリーマンなどが加入する被用者保険では、被用者（サラリーマンなど雇われて働いている人）だけではなく、事業主も負担します。ただし、保険料の負担が重くなり過ぎないよう、国や地方自治体による税金の投入もされています。

社会保険の仕組みで年金や医療を運営する国々の中で、日本は税金の投入割合が高い国だといわれます。

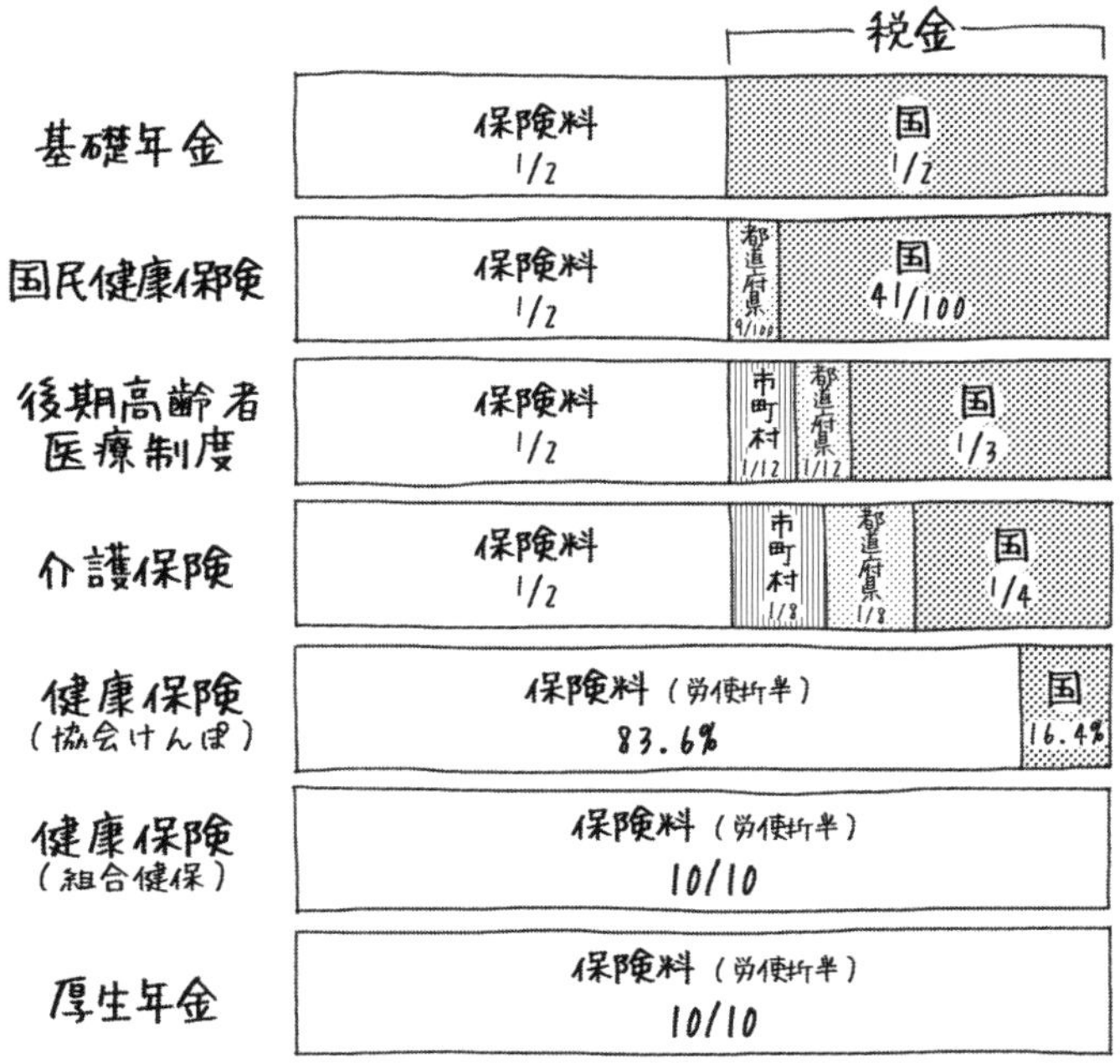

日本の年金・医療・介護の財源構成

（厚生労働省資料より作成）

左ページの図は、年金・医療・介護の各制度の財源の内訳を割合で示したものですが、多くの税金が投入されていることが分かります。

たとえば、全国民に給付される基礎年金には国の税金が２分の１投入され、自営業者や無職の人などが加入して医療サービスを受ける国民健康保険にも、国と自治体（都道府県）の税金が２分の１投入されています。また、高齢者に介護サービスを給付する介護保険でも、国と自治体（都道府県、市町村）の税金が２分の１投入されています。

「税金の割合が５割を超えたら、もはや社会保険とは呼べない」といわれることがあります。確かに、給付を賄う費用の半分以上を税金で占めるようになったら、社会保険とは呼びにくいかもしれません。

社会保障の仕組みには、社会保険のほかに、保険の仕組みを用いず、税金を財源とする「社会扶助」という給付の仕組みもあります（P.19参照）。税金の割合が高まると、その制度は社会保険ではなく、社会扶助の仕組みで運営されているのではないかという見方も出てくるでしょう。

税金がどの程度まで入ると社会保険と呼べなくなるかについての定説はありません。しかし、社会保険の最大の特徴は、「保険料の拠出をしたことで、給付の権利が得られる」ことですから、その方式にのっとって運営されている限りは、税金の投入割合が５割を超えても、社会保険と呼んでよいでしょう。

コラム

社会保険が広まったわけ

社会保険は、「鉄血宰相」と呼ばれたドイツのビスマルクが、1883年に、疾病保険（医療保険）を作ったのが世界で最初といわれています。

それまでも、工場などで働く人たちが、お金を出し合って自分たちで助け合う仕組みがありました。それを全国的に、法律に基づく制度にまで高めたのがビスマルクです。

当時、ドイツでは労働争議が頻発していたため、ビスマルクは社会主義的な運動を取り締まる一方、労働者の生活を守るものとして社会保険を作ったのです。このため、「飴《あめ》と鞭《むち》」の政策と呼ばれることもあります。

従来、貧しい人を救う政策は税金で行われることが多かったのですが、それだと給付を受ける際に、「ただで、施しのように受けるので、恥ずかしい」といったスティグマ（恥辱、不名誉）を伴いがちだとされました。一方、保険料を払った見返りに給付を受けることができる社会保険の仕組みは、より権利性が強く、負担と給付の関係も分かりやすいと考えられました。そこで、ドイツで誕生後、社会保険の仕組みは世界中に広まっていったのです。

また、社会保険は「リスクを分散する」という保険の考えに基づくため、給付の対象を、一部の貧しい人たち（恵まれない人たち）から、一般国民にまで広げることができたともいわれています。

社会保険にまつわるさまざまな問題

これまで見てきたように、社会保険は、自立・自助の精神に基づき、能力に応じて保険料を拠出し、権利として必要な給付を受けられるなど、長所（メリット）が多いように思えます。しかし、社会保険ゆえの課題や短所（デメリット）も多くあります。

❶ 年金保険料の未納、日本だけ？

短所としてよくあげられるのは、「社会保険の加入対象でなかったり、加入の手続きをとっていなかったりする人（未加入者）や、保険料を納付しない人（未納者）は、給付による保障を受けられない」という点です。とりわけ、未納の問題は深刻です。

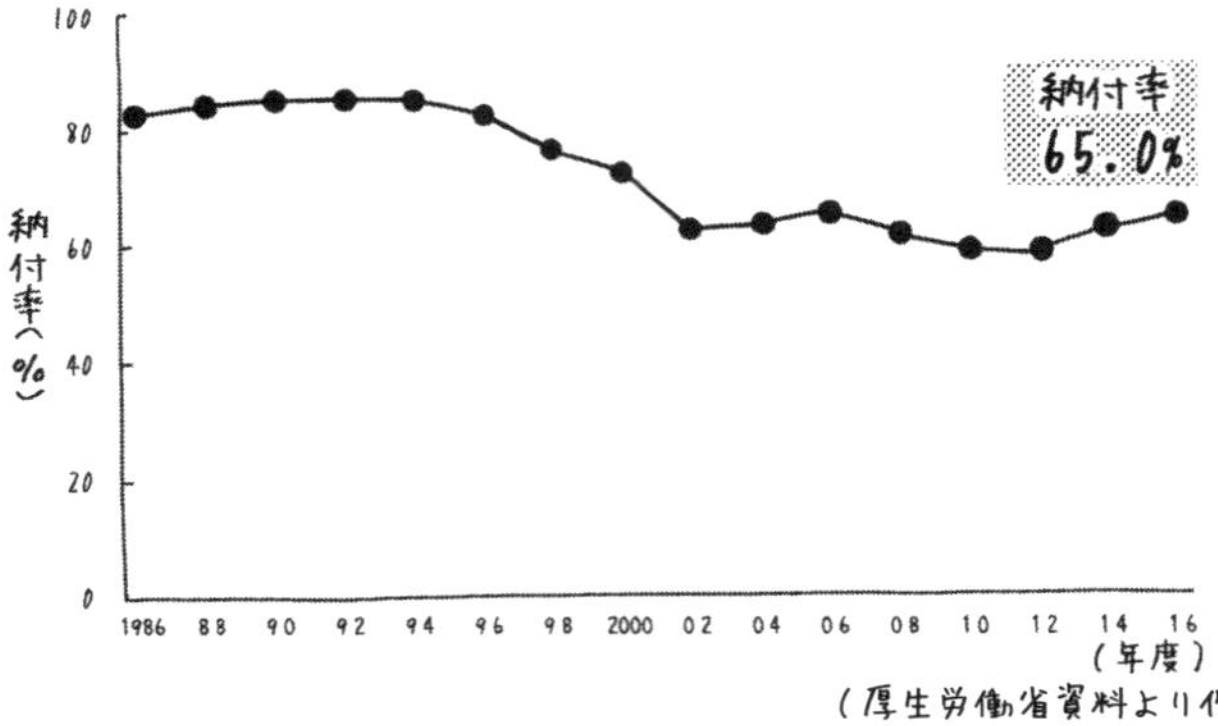

（厚生労働省資料より作成）

国民年金の保険料納付率の推移

未納は、会社などの事業主を通さず、本人が直接保険料を納める国民年金や国民健康保険といった制度で起こりやすくなります。たとえば、国民年金の保険料を一定期間納めなかった場合、その人は将来、無年金になったり、低年金になったりします。また、国民健康保険も、保険料の未納を続けると、医療機関の窓口で、かかった費用をいったん全額自分で支払わなければならなくなり､病気になっても受診しにくくなる､というケースも起こり得ます。

未納者の中には、制度への不信や不満から、本当は納められるのに意図的に納めない人もいるといわれます。そうした人たちに対しては制度の趣旨をしっかり説明し、それでも納めない人たちには強制徴収など厳しく対応する必要があります。その一方で、所得が低いなどの理由で保険料を納められない人たちへの対応と保障をどうするかという問題が、社会保険の仕組みにはつきまとうのです。

小泉政権時の2004年に、政治家の国民年金保険料未納が大きな社会的・政治的な問題となりました。自民党の政治家の未納を「未納三兄弟」と批判した菅直人·民主党代表（当時）が、自身も未納なのではないかとの疑いがもとで代表の座を退いたり、自民党の福田康夫官房長官（当時）が辞任したりと、大変な騒ぎになりました。

日本の未納問題は海外でも報道され、同じ年に年金取材でドイツを訪れた時には、「テレビで見ましたよ」とドイツの年金担当者に言われたものです。

ちなみに、ドイツでは年金保険料の未納がほとんどありません。その前提として、ドイツは日本と違い、国民皆年金ではないということがあげられます。適用対象の大部分が被用者です(P.7参照)。ですが、それ以上に、「未納になりそうな者には厳しく対処する一方、情報提供や年金教育に力を入れるなど、年金制度の魅力をわかってもらう努力も欠かせない」というドイツの担当者の言葉が印象的でした。

❷ 拠出記録はどこへ？

もう一つ、社会保険が持つ問題として、拠出記録の管理の問題があげられます。社会保険は原則として、「保険料の納付を条件（根拠）に給付を行う」、つまり、Aさんが保険料を拠出したという事実を根拠に、そのAさんに給付を受ける権利が発生する仕組みです。そのため、特に長期にわたって保険料を納める年金保険では、保険料を払ったかどうかの記録をきちんと管理しておくことがとても重要になります。

ですが、誰のものか分からない年金保険料納付記録が5,000万件にも上るという年金記録問題が2007年に発覚しました。当時の社会保険庁（現・日本年金機構）が記録をきちんと管理していなかったのです。当時、野党だった民主党がこの問題を国会で追及して、2009年の衆院選で圧勝し、政権交代が起きました。

記録の問題は、未納のように社会保険の仕組み自体に基づく問題点ではありませんが、現実の制度運営にあたっては無視することはできません。

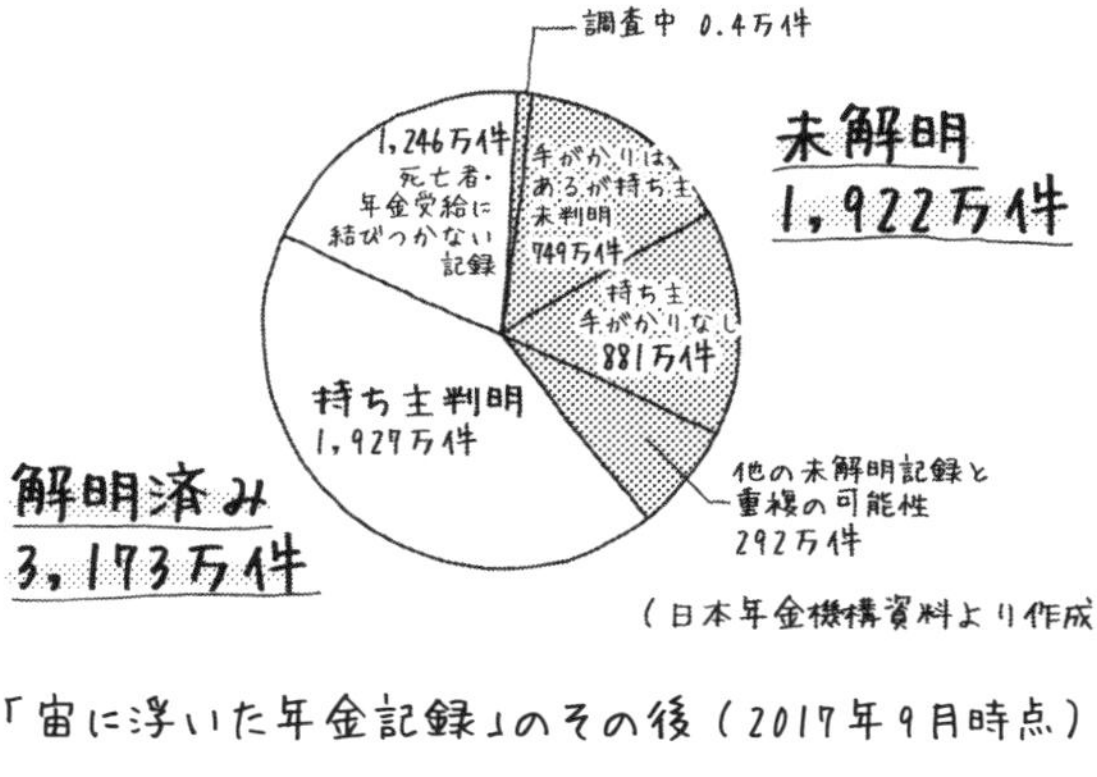

（日本年金機構資料より作成）

「宙に浮いた年金記録」のその後（2017年9月時点）

社会保険方式(社会保険)か、税方式(社会扶助)か

未納や拠出記録の管理の問題に着目して、年金制度を現行の社会保険とは別の仕組みにすべきだという声があります。税金を財源とする社会扶助の仕組みです。

社会扶助の財源は100%税金

社会扶助は、社会保険とは異なり、税金を納めた実績に応じて給付の権利が発生するわけではありません。国が、国民の生活保障のために、現金やサービスを必要に応じて給付する仕組みですから、未納や拠出記録の管理といった問題は起きようがないのです。

しかし、社会扶助にも問題があります。税金を財源とする社会扶助は、社会保険に比べて権利性が弱く、スティグマ（恥辱、不名誉）が起こりやすいといわれます。社会保険料は使う目的（年金や医療など）を明確にして集められるお金ですが、社会扶助は使い道が限定されていない税金が財源なので、不景気で税収が減ったり、ほかの政策に予算が回されたりということがあると、十分な給付ができなくなる可能性があります。

何より増税を嫌うこの国で、必要な財源を保険料のように確保できるかどうか。それが難しければ、所得のある人には給付をしないという、所得制限が導入されることも考えられます。

このように、社会保険と社会扶助とでは、性格や機能、特徴などが大きく異なります。そのため、日本では、年金・医療・介護などの各制度で、現行の社会保険の仕組み（社会保険方式）のまま行った方がよいのか、社会扶助の仕組み（税方式）に変えた方がいいのかが、繰り返し、大きな論争となってきたのです。

制度の成り立ちや制度への理解は国によって違う

スウェーデン、ドイツ、フランスの3か国は、いずれも、社会保障の給付と負担の水準が高い「高福祉·高負担の国」として知られています。

いくら高福祉とはいえ、国民はなぜ高負担を受け入れているのだろうか、それによって暴動やデモ、ストライキが起きたりしないのか、また、社会保障制度に対する不信や不満感はないのだろうか——。そうしたことを取材しに、2003年に各国を訪れました。

スウェーデンの社会保障の専門家にインタビューをしていた時、社会保険と社会扶助の違いの話になりました。日本では年金制度を税方式に変えるべきだという意見があり、政治的にも大きな議論になっていること、また、社会保険と社会扶助はしっかり区別され、社会保険の方が権利性が強いといわれていることなどを説明したのですが、スウェーデンの専門家に、「この国ではそうした見方は全く理解できない」といわれてしまいました。

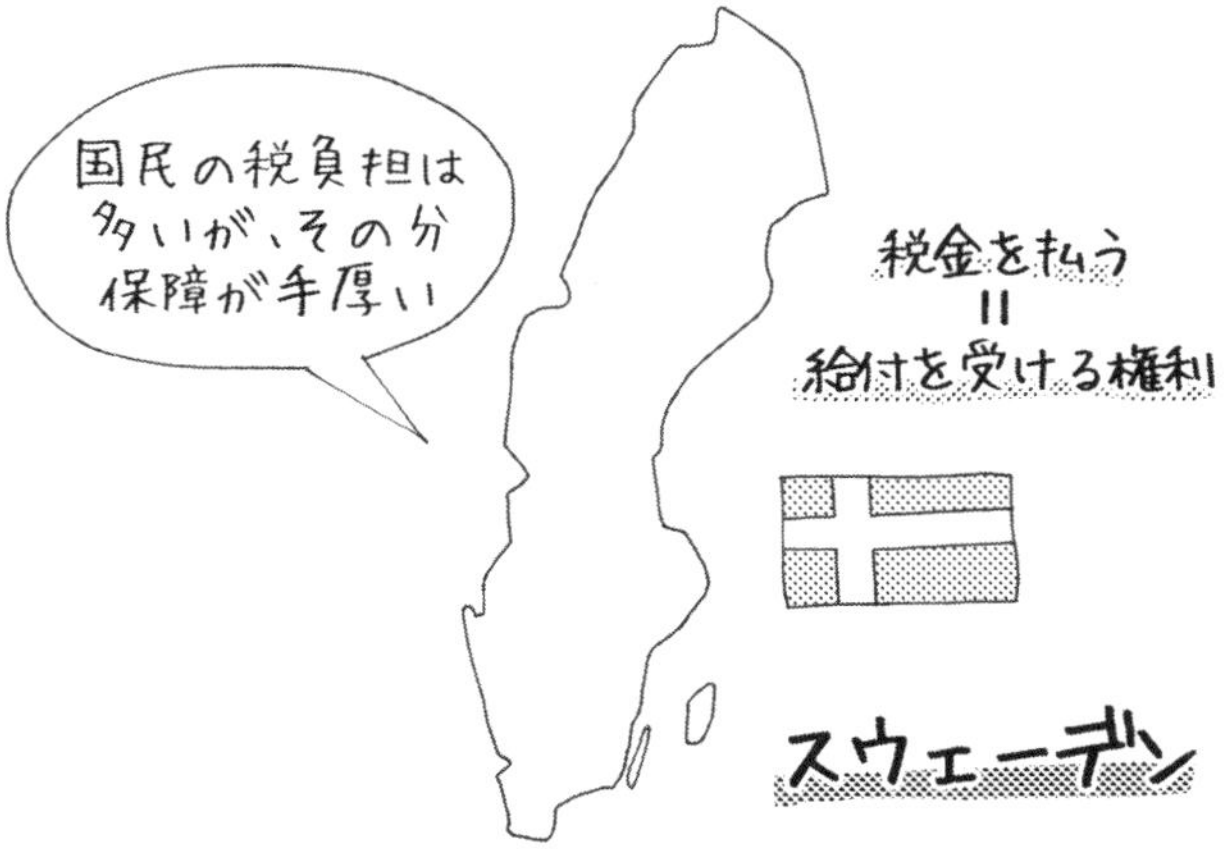

スウェーデンは、年金は原則社会保険方式、医療や介護などは税方式で行われ、社会保障財源の国際比較で見ると、保険料割合の高いドイツやフランスなどと違って、税金の割合が高い国として知られています。実際、スウェーデンの所得税や、日本の消費税にあたる付加価値税の高さには、目を見張るものがあります。

スウェーデンでは、税金を払うことが給付を受ける権利に結びつき、その権利性は強いと考えられているため、「社会保険の方が、権利性が強い」といった考え方は奇異なものに感じられたようです。

一方、ドイツで社会保障の専門家と話していた時には、日本と同様、社会保険と社会扶助をはっきり分けていて、「社会保険の良さを保つためには、税金の投入や、国の関与をできるだけ避けなければいけない」と話していたのが印象的でした。フラ

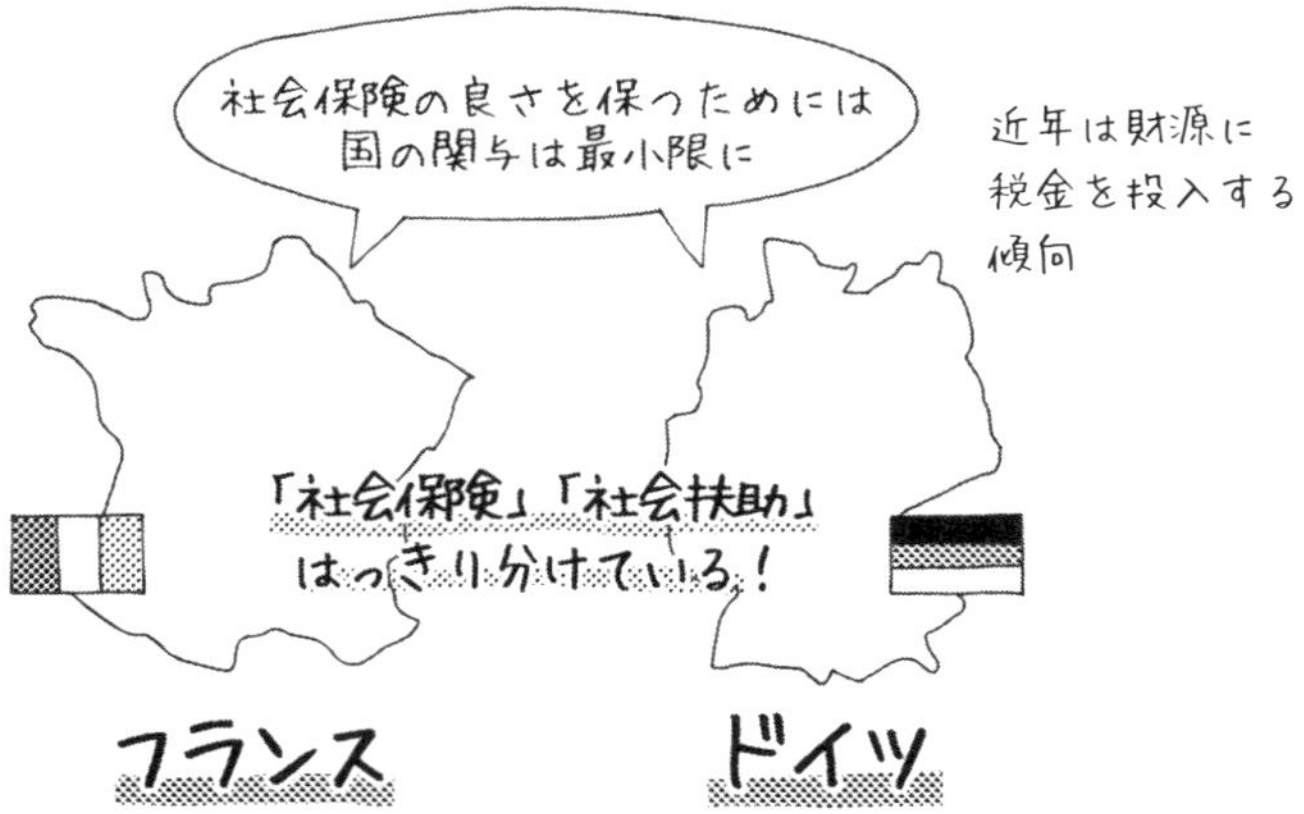

ンスでも、同じような考えを聞きました。国によって、制度の成り立ちや、制度への理解が異なるのは、とても興味深いことです。

ただ、「社会保険の国」として知られてきたドイツやフランスでも、近年、財源に税金を投入する傾向が強まっているようです。背景には、保険料負担が限界に近づき、企業が悲鳴を上げていることや、保険になじみにくい福祉的な給付も制度の中に取り入れて、保障の範囲をできるだけ広げようという動きがあげられます。

たとえばドイツでは、育児のため、自分で保険料を納められなかった人でも年金を受け取れるようにしましたが、年金保険料を免除した分は税金で補填されています。もちろん、税金を投入したからといって、年金制度が社会保険であることに変わりはありません。ただし、昔よりは保険の色合いがやや薄まってきているといえるかもしれません。

どういう仕組みなら適切だろうか

翻って日本を見ると、そもそも税金の投入度合いの高い日本では、社会保険を民間保険のように保険原理に忠実な制度に改革し、税金と保険料で行う給付の内容や対象者をもっと分けてはどうかという意見が、近年聞かれるようになりました。

年金を例にとると、所得が低い人への最低保障的な給付は税金で賄うようにすべきだなどといった主張です。

社会保険は、制度設計の考え方ややり方次第で、その「幅」はかなり広いといえます。たとえば年金保険で、保険料を負担する額と給付の内容をできるだけ連動させるなど、保険原理になるべく忠実な制度にしようと思えば、民間保険に近くなります。反対に、給付の内容を保険料の負担額と切り離せば、社会連帯の理念が強く出て、社会扶助に近くなります。

ある制度を考える時に、社会保険でやった方がよいのか、社会扶助の方が適切なのか。また、社会保険でやるとしても、財源は保険料だけでよいのか、税金も組み合わせるのかなどの問題があります。

少子高齢化で社会保障のニーズが高まる今後は、保険料や税金の負担が増えていくだけに、どういう仕組みなら、より公平で、より多くの人に納得してもらえるかを、よく考える必要があります。

第2章

国民皆年金の歴史

第1章では、日本の社会保障の根幹「国民皆保険・皆年金」と、それを理解する際のカギともいえる「社会保険」の仕組み等を中心に見てきました。ここからは、日本がなぜ、理想的だけれど無理もある「国民皆保険・皆年金」という仕組みを採用したのか、歴史から探っていきます。

まず、年金制度から見ていきます。国民皆年金は1961年に実現しました。国民年金制度として最終的に決まった内容と、そこに至るまでの背景・議論の経緯を知ることで、見えてくることがあります。

日本の公的年金保険制度の始まり

1 戦争がもたらした社会保険（年金保険）の発展

日本で、一般の民間労働者を対象とした初の公的年金保険制度は、1939年に制定された船員保険制度です。その名の通り、船員が対象で、年金だけでなく、医療なども保障する総合保険でした。

なぜ船員なのか——。それは、戦時体制下で海運業の重要性が高まり、船員の確保・定着が国の緊急課題になっていたにもかかわらず、船員が引退した際の所得保障や、亡くなった際の遺族保障が十分ではなかったからです。

船員保険ができると、一般の陸上労働者を対象とした年金制度も作ろうという機運が高まり、1941年に労働者年金保険制度が創設されました。1937年から始まった日中戦争が泥沼化し、軍部には制度創設への反対論もあったようです。しかし、労働者の老後の不安を除いて安心感を与え、生産活動に専念させることが、生産性の拡充ひいては戦力増強につながると、当時の厚生省が説得したといいます。

1944年には労働者年金保険から厚生年金保険に名前が改められ、男性ブルーカラー（肉体労働者）だけでなく、女性やホワイトカラー（事務労働者）も対象となり、加入者も増えていきました。

戦争が、社会保障制度の中核を成す社会保険の発展に一役買ったというのは意外な感じがしますが、後で述べるように、国民皆保険の実現に至る歴史を見ても、戦争は一定の役割を果たしています（P.53参照）。

もちろん、戦争がなければ社会保険は発展しない、などということは全くありませんが、「戦争は社会政策を後退せしめるのが常であるが、わが国では戦争によってむしろ社会政策の一手段である社会保険の発展をもたらしたのである」（近藤文二『社会保険』、岩波書店、1963年）というのは興味深い事実です。

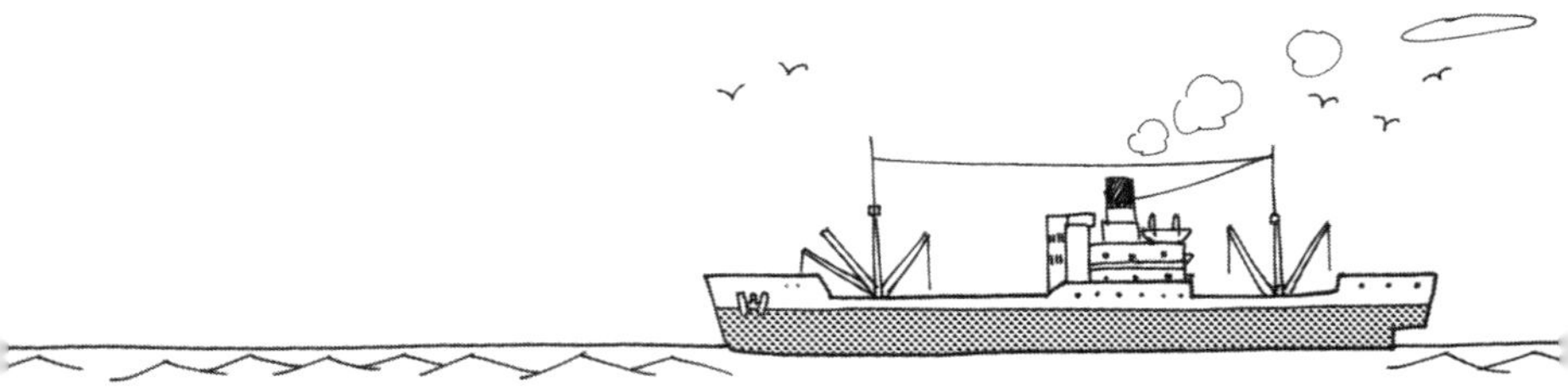

❷ 制度存亡の危機を乗り越える

太平洋戦争が終結した1945年、日本の国土は焦土と化し、街には生活困窮者があふれました。厚生年金保険も、保険料の徴収が困難となり、敗戦直後に起きた激しいインフレ（貨幣価値が下がり、物価が上がること）によって、給付のために積み立てられていたお金の実質価値が下がり、制度崩壊の危機にさらされました。

制度廃止論まで出る中、厚生年金保険は改正を重ね、1954年の全面改正で、現在の厚生年金保険の骨格が築かれました。その後、景気の回復に伴う雇用の拡大により、加入者は増えていきました。

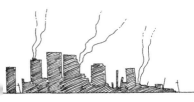

国民年金制度創設の背景

❶ 社会保障への国民の関心が高まる

戦後の復興期を経て、高度経済成長期に入った1955年頃から、全国民を対象とした国民年金制度を作ろうという機運が盛り上がっていきました。

当時、公的年金制度としては、前述の厚生年金保険や船員保険のほか、公務員を対象とした制度はあったものの、農民や漁民、自営業者、それに厚生年金保険の対象にならない零細事業所に勤める労働者などには、何の年金保障もありませんでした。既にある年金制度の適用を受けている人は、全就業人口の約3割をカバーしているに過ぎなかったのです。

また、戦後徐々に進んできた人口の高齢化や、家族制度の崩壊で、高齢者の面倒を誰がみるのかといった問題がメディアでも取り上げられるようになりました。その過程で、年金制度の対象とならない人々の問題も広く社会の関心を集めるようになったのです。

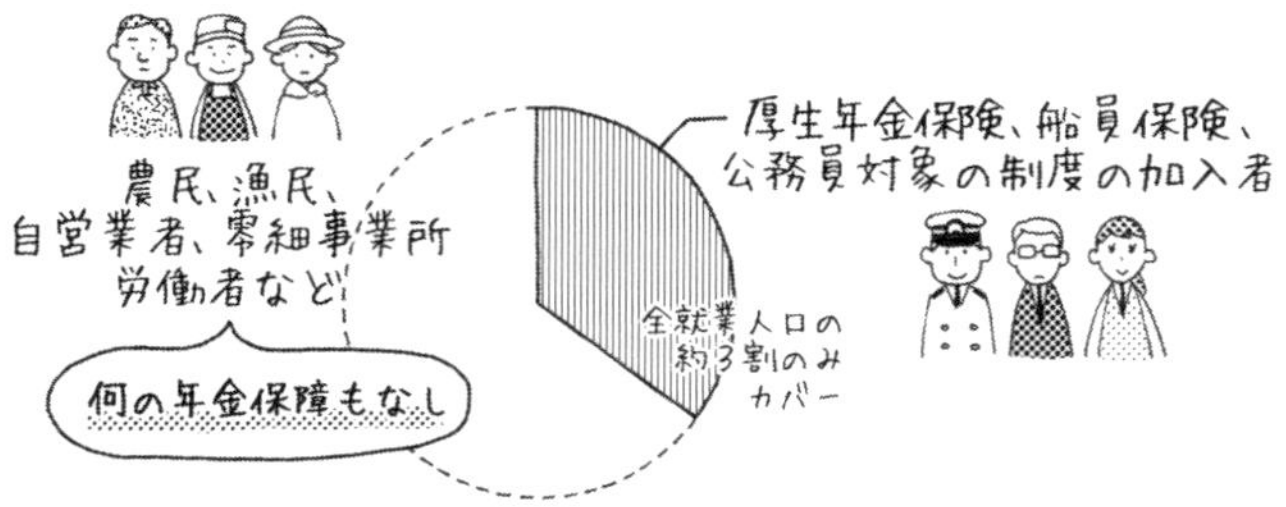

❷ 国民年金制度創設を旗印に政党が競い合う

国民年金制度創設には、政治も大きな役割を果たしました。

1955年に、それまで左右両派に分かれていた社会党が統一され、同じ年には自由党と日本民主党の保守合同により、自由民主党（自民党）が結成されました（以後、日本の政治は、自民党が代表する保守と、社会党が代表する革新の対決という、いわゆる「55年体制」が始まります）。両党とも国民年金制度創設を掲げ、1956年の参議院選挙では、年金などの社会保障政策が焦点の一つとなりました。

1958年に行われた衆議院選挙で、自民党は、国民年金制度の翌年度からの実施を公約しました。選挙の過程で、当時の岸信介総裁は、「国民年金制度は今回の公約で最も注目すべきものであり、これを実施することにより、社会保障の画期的前進を期したい。これにより生活力に恵まれない老齢者、母子世帯、身体障害者の生活が保障されることになり、福祉国家の完成へ大きく前進することになると信ずる」と述べています。

衆院選で自民党が勝ったことから、国民年金制度創設は国の“至上命題”となり、国民皆年金の実現に向けて大きく動き出すこととなりました。

コラム

当時から着目されていた高齢者問題

高齢化というと、現在のことで、半世紀も前の話ではないのでは？と思われる方もいると思います。確かに、当時の日本の高齢化率（65歳以上が全人口に占める割合）は5％台で、現在の「世界一」といわれる高齢化率（約27％）と比べると雲泥の差があります。

しかし、当時の厚生省の官僚で、生活保護法や国民年金制度の制定に関わった小山進次郎氏の著書（『国民年金法の解説』、時事通信社、1959年）を見ると、日本でも高齢化が目立ち始め、それは今後ますます進むから、老人扶養の問題をどうするかは国民が一致して解決にあたらなければならない一大社会問題であること、また、家族制度にも崩壊の兆しが見られ、それは今後ますます激しくなっていくから、高齢者が子の扶養に全面的によりかからないで済む国家的な対策が必要であること、などが述べられています。

もう一つ、この本で注目されるのは、年金制度が「救貧」ではなく「防貧」対策であると述べている点です。つまり、既に放置できないほど困った状態にある人を救う制度ではなく、困窮した状態に陥らないよう、未然に防ぐ制度であるという意味です。そうした防貧対策を推進できるようになった背景には、経済発展の力も大きいとも説明されています。

国民年金制度創設にあたっての議論

国民年金制度の創設にあたっては、いくつもの論点がありました。

保険料の拠出を条件に年金を給付する「社会保険方式」にするのか、保険料の納付を求めず、税金を財源に年金を給付する「税方式」にするのか。

制度の対象を、国民全員とするのか、既に存在する制度に適用されていない人だけを対象とするのか。保険料負担能力のない学生や専業主婦などはどうするのか。

保険料を納めてもらう期間やその額、年金の額などはどうするのか。

これらの点について、内閣総理大臣の諮問機関である社会保障制度審議会（当時）や、厚生省（同）から委嘱を受けた学識経験者5人の国民年金委員などがそれぞれ検討し、案を公表して活発な議論が交わされました。

❶ 社会保険方式か税方式か

中でも大きな議論となったのが、社会保険方式にするのか、税方式にするのかです。

もちろん、社会保険方式にするといっても、当時、既に高齢になっている人などへの年金は税金で賄うしかありません。だから、何らかの形で税方式による年金給付も行う必要があったのですが、制度の基本をどちらの方式で行うのか、また、社会保険方式を基本とした場合、税方式の年金をどのように取り入れるかで意見が分かれたのです。

社会保障制度審議会は、社会保険方式を原則としつつも、税方式も恒久的に制度に組み込む案を主張し、国民年金委員は、社会保険方式を原則とし、税方式による給付は例外・一時的とする案を主張しました。

一方、農業者団体や社会党などは、国民年金の対象者は低所得者が多いことなどから、社会保険方式は難しいとして、税方式一本の制度にするよう主張しました。社会保険方式だと、保険料拠出の記録・管理や、保険料の徴収に手間がかかるという問題もありました。

これらの案を受けて、政府は、社会保険方式を原則とし、制度発足時に既に高齢となっている人や身体障害がある人、どうしても保険料納付の条件を満たせない人などにのみ、経過的・補完的に税方式による年金を給付することにしました。

なぜ社会保険方式を基本としたのでしょうか。その理由を、国民年金法案の提案理由説明（1959年2月13日衆参両院本会議、厚生大臣発言）や、当時書かれた本（小山進次郎『国民年金法の解説』、時事通信社、1959年）などから見てみましょう。

社会保険方式は、「若いうちから、自らの力でできるだけ老後の備えをしておく」という自立自助の考えに基づいており、それは生活態度として当然であるほか、資本主義的な経済体制にも合っている。そうした考えを取ることで、制度の持続可能性も高まる。

高齢者人口が急激に増えていく中で、税方式にすると、国の財政負担が膨大になり、将来の国民に過度の負担を負わせる結果となる。それを避けようとすれば、年金額など給付の内容が、社会保障の名に値しないほど不十分なものにならざるを得ない。

税収はその時々の経済・財政事情の影響を受けやすいため、税方式を基本とすると、制度の安定性や確実性に不安が残る。

諸外国でも年金制度の先進国といわれる国はすべて社会保険方式を原則としている。

原則として社会保険方式にしたのは、自立自助の精神が日本の社会・経済生活に合っていること、また、高齢化が進む中で、税方式では国民の老後を支えられる本格的な年金制度にならないと考えられたからといえます。

❷ 低所得者の対応

社会保険方式を基本に国民皆年金を実現するということは、保険料負担が困難な低所得の人も、制度の対象とすることを意味します。

「国民年金制度が社会保険方式を基本とするならば、保険料の徴収確保が制度の成否を決めるカギとなるはずだから、保険料納付を期待しにくい人は、はじめから制度の適用外とするべきだ」——。

こうした反対意見も多く聞かれる中、貧富や保険料負担能力の差を問わず、基本的に全員を制度の対象とした主な理由としては、以下の点があげられます。

一般に、保険料を拠出する能力の低い人こそ年金を最も必要とする人たちだから、その人たちをはじめから除いたのでは、全国民に年金を保障し、それを生活設計の拠り所として、国民生活の安定をはかる、という制度の趣旨が実現できない。

年金制度は長期にわたって保険料を納める仕組みなので、人生のある一時期に負担能力がなくても、後に負担できるようになると考えられる。ある一時期の負担能力だけを問題にして制度の対象外としてしまうと、低所得者にかえって不利な制度となってしまう。

実際上の問題として、拠出能力が十分な人だけにすると、国民年金制度という名を掲げながら、本来、カバーすべき人の２割に満たない人だけを対象にする制度になってしまう。

「保険料の拠出をしたことで、給付の権利が得られる」ことが社会保険の最大の特徴です。その根本的な性格を変質させる恐れがある人たち、すなわち保険料を拠出する能力が十分ではない人たちまで制度に含めた理由には、国民みんなに年金を行き渡らせ、福祉国家を実現したいといった理想や、財政運営上から見た現実的な判断があったといえそうです。

保険料は、所得捕捉の難しさを考慮して定額とされ、その水準も国民の大部分が負担できる額に設定されました（P.40参照）。しかし、それでも低所得の人には何らかの配慮が必要です。そこで、生活保護を受けている人や保険料を負担する能力が乏しいと認められる人には、保険料を免除する制度が設けられました。

さらに、普通だったら年金を受け取るのに25年以上保険料を納めなければならないところ、低所得で免除を受けている人の場合は、納付済みの期間は最低10年あればよいとされました。最低10年の保険料を納めた期間と、保険料免除期間とを合わせて25年以上あれば、年金を出すこととしたのです。これは社会保険の仕組みからすると「極めて異例な仕組み」（小山進次郎『国民年金法の解説』、時事通信社、1959年）といえます。

そうまでしても、できるだけ多くの人を社会保険方式による年金制度に含め、年金を給付したいと政府は考えたのです。

❸ 制度の対象者

国民年金制度で、社会保険方式か税方式かと並んで大きな論点となったのが、制度の対象者をどうするかです。

厚生年金保険など、既にある制度の適用者を含む全国民とするのか、それとも、農民や自営業者など、制度に加入していない人たちだけを対象とするのか。全国民とする場合も、既にある制度を一度ご破算にして、新しい制度に全員入ってもらうのか、既存の制度は残したまま、二重に加入してもらうのかといった点が議論になりました。

社会保障制度審議会は、既存の制度に加入していない人だけを対象とする案を出し、国民年金委員は、既存の制度の加入者も含め全国民を対象とする案を出しました。

これに対し、政府は、いろいろ検討した結果、既存の制度に加入していない人のみを対象とすることにしました。

本来は、全国民を対象とした一本の制度にした方が分かりやすく、望ましいと考えたのですが、既存の制度にはそれぞれ歴史や経緯があり、今さらやめるわけにはいきません。かといって、既存の制度をそのままにして、新制度に二重に加入してもらうのも、制度を複雑にさせます。

そこで、この問題は引き続き時間をかけて検討することとし、さしあたって、既存の制度に加入していない人のみを対象とすることにしたのです。

対象者の年齢は、20歳から59歳までとされました。保険料負担能力のない専業主婦（既存の被用者年金の適用を受けている人の配偶者）や学生は制度の対象とせず、任意加入を認めることとされました。

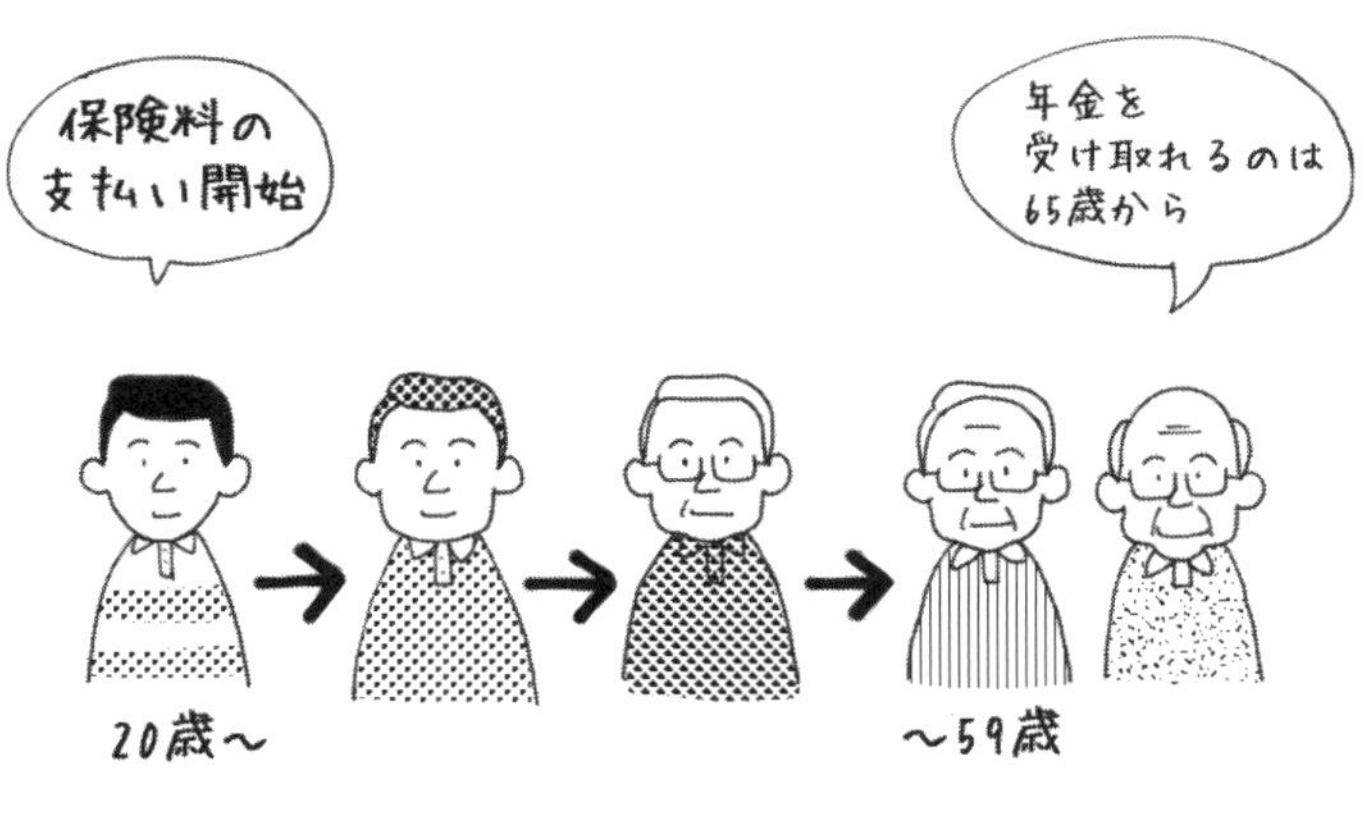

保険料負担能力がない人もできる限り社会保険方式の年金制度に含め、支払いが難しい場合の保険料免除の制度を設けたことは既にご紹介しました（P.36参照）。なぜ、専業主婦と学生は別扱いにしたのか――そう疑問に思われる方もいると思います。

専業主婦の場合は、夫が生きている間は夫の年金に加給年金が加算され、夫の死後は遺族年金を受け取れるなど、不十分ではあっても、夫の年金によって生活を守ることが可能だと考えられたからです。ただし、離婚した場合は無年金となってしまうため、専業主婦も国民年金の対象にすべきだという意見も根強くありました。検討を重ねた結果、とりあえずは制度の対象とせず、本人が希望すれば参加を認める任意加入とすることにしたのです。

学生の場合は、卒業して社会に出た後は、被用者年金に加入する人が非常に多いことが予想されたため、同じく任意加入とされました。

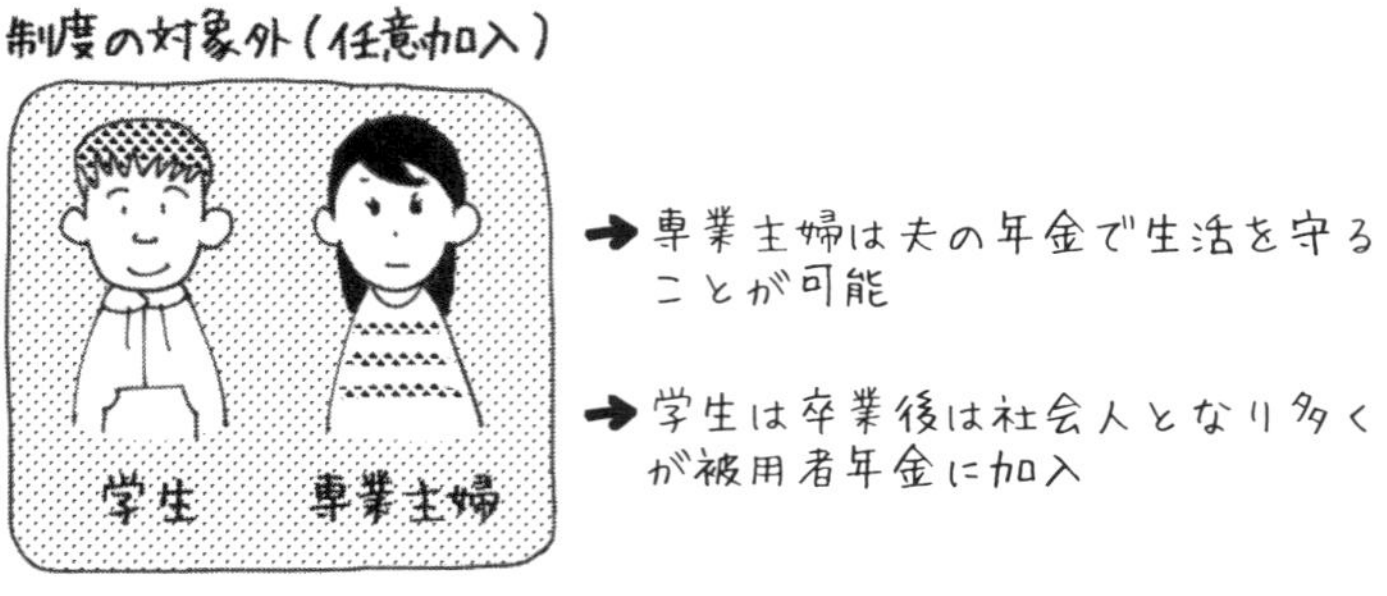
制度の対象外（任意加入）
学生
専業主婦
➔専業主婦は夫の年金で生活を守ることが可能
➔学生は卒業後は社会人となり多くが被用者年金に加入

❹ 保険料の設定

保険料は、本来は、所得が多い人はより多く支払う「所得比例制」がよいと考えられたのですが、自営業者の所得を正確に把握するのは難しいとの理由から、定額とされました。保険料の額は、当時の金額で20歳から34歳までの人は月額100円、35歳から59歳までの人は同150円です。

年金を受け取れるのは65歳からで、基本的に、保険料を納めた期間が25年以上必要です。25年以上納めた場合の年金額は月額2,000円、保険料を全期間（40年）納めた場合は同3,500円。高齢者一人当たりの現金支出額や消費支出、高齢者世帯の最低生活費などを調べ、あまりみすぼらしくならないような金額にしたのです。

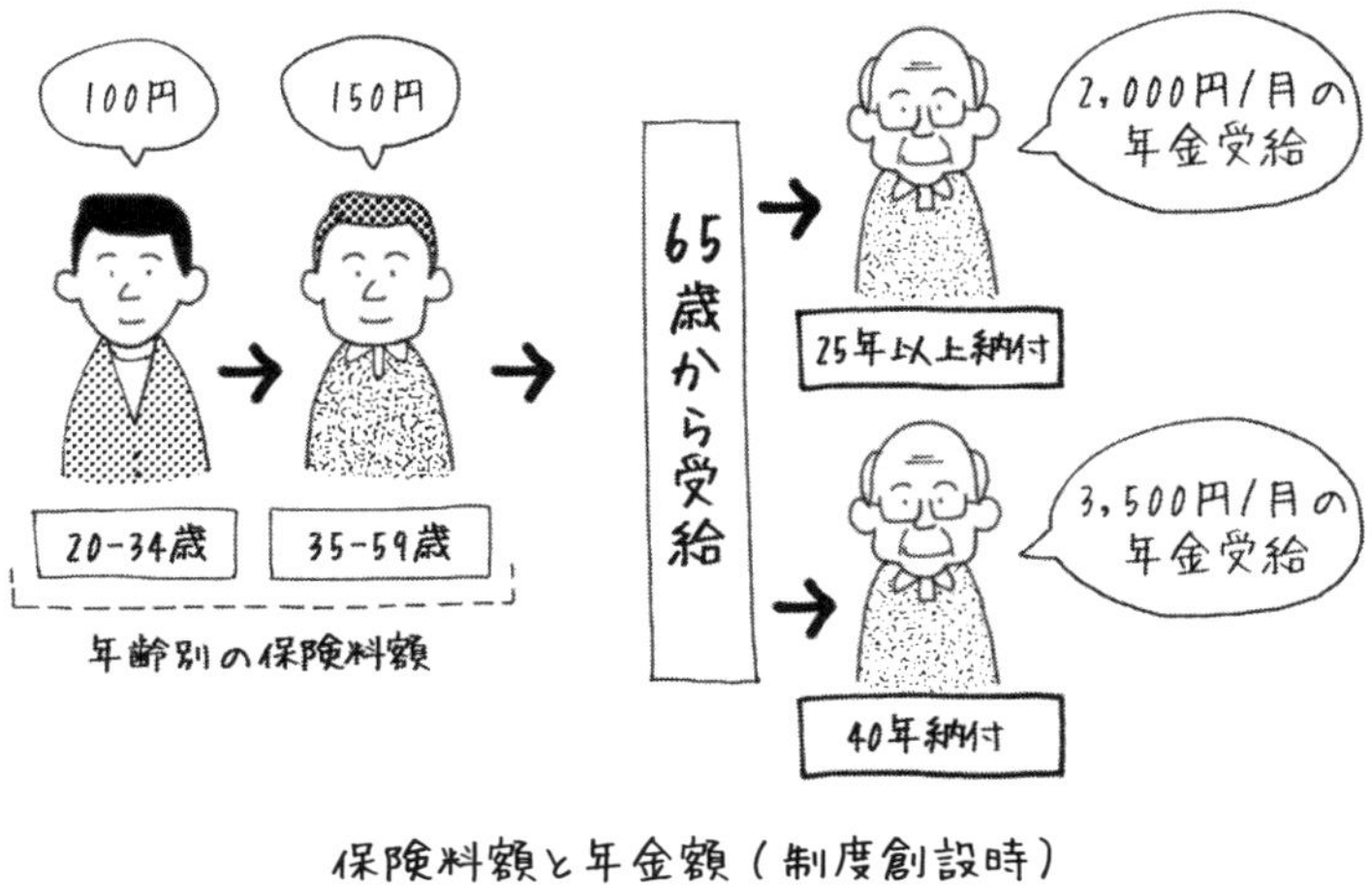

保険料額と年金額（制度創設時）

「国民皆年金」ついに実現

多くの議論を経て、国民年金法案が1959年2月に国会に提出され、同年4月に成立し、1961年4月、ついに「国民皆年金」が実現しました。被用者年金でカバーされていなかった人たちを対象とした制度を創設することで、全国民をカバーする公的年金制度ができたのです。

なお、1985年の大改正で、厚生年金の一部が国民年金の一部分になりました。これにより、国民年金は全国民を対象とした一本の制度となり、勤め人も自営業者も専業主婦も、20歳から59歳までの人はすべて国民年金に加入して、「基礎年金」と呼ばれる定額の年金を受け取る現在の仕組みになりました。学生については、1989年の改正で、20歳になれば強制加入の対象とされました(P.85参照)。

現在の年金の仕組みについては第4章で改めてご紹介しますが、国民年金法が成立する前、当時の政府が思い描いていたような全国民を対象とした一本の国民年金制度が、四半世紀後に実現したともいえます。

コラム

国民皆年金達成時の「証言」

1955年に厚生省（当時）に入省後、プロジェクトチームの一員として国民年金制度創設の過程をつぶさに見てきたという吉原健二さん（元厚生事務次官）。「国民皆年金」達成当時の様子を語ってもらいました。

――日本の年金制度は、社会保険方式を基本としながら、保険料を拠出できない人まで制度に含める、つまり、国民全員に年金を保障するという世界でも珍しい仕組みになっています。なぜ、そうした仕組みが採用されたのでしょうか。

保険料を拠出できない人も含めて全国民に年金を保障すると、当時の自民党が言い出して、これは困ったことになったなと、厚生省としては思ったわけです。そもそも、年金制度を税方式で行うか社会保険方式で行うかは議論があり、所得がない人もたくさんいる中で、社会保険方式でやるなんて無理だ､馬鹿じゃないかとも言われました。でも、理想として全国民に年金を出したいと言っているのに、所得のある人だけを対象にしたらどうするのと。その場合は税でやるより仕方がない。税でやるとしたら､70歳から､（当時の金額で）月800円とか1,000円ぐらいの給付になってしまうわけです。

――少額の年金になってしまうわけですね。

税で始めたら、その方がみんな喜ぶに決まっています。社会保険料を払わなくて済みますから。しかし、いったん税方式で始めたら、日本の年金制度は拠出制

（社会保険方式）ではできなくなるだろうと。所得のない人、低所得の人も社会保険の中に取り込んで、何らかの手当てをしながら、将来は拠出制の年金をもらえるようにした方がよいということで、国民年金制度ができました。もともと、低所得者や所得のない人まで含めること自体が矛盾した話で、成り立たないといわれれば、それはそうなんです。ただ、保険料納付期間が 30 年、40 年ありますから、一生払えないわけではないでしょうと。もちろん、生まれながらに障害があって働けない人や、制度開始時に 70 歳、80 歳になっている人は税でやるしかない。でも、今、所得がないからといって、所得がある人だけを対象にすると、ごく一部の人しか加入できなくなる。

――所得税を払っている人だけに絞ったら、実質的に対象とすべき人の約 2 割にしかならなかったといわれています。

そうです。ですから、65 歳から、せめて月 2,000 円ぐらいもらえるようにするには、とにかく入れるだけ入ってもらおうと。払える時に払ってもらおう、払えない時は免除しようということになりました。迷いに迷った末に、厚生省のプロジェクトチームの長で、初代年金局長となった小山進次郎さんと、自民党の国民年金実施対策特別委員会委員長の野田卯一さんが決めたのです。一つの決断です。そうでない選択肢もあったかもしれないが、別の選択肢を選んでいたら、今の年金はみじめな制度になっていたでしょう。その後、

拠出制の年金ができたかどうかも分かりません。

――税方式については、どう考えられますか？

保険料を払えない人が多くなったから税方式でやろうという議論が近年、聞かれるようになりましたが、本末転倒だと思います。税方式でやったら、消費税も10%では済みません。20%でも足りないぐらいでしょう。それだけ税金を払う覚悟がありますか、ということです。もちろん、所得がない人を社会保険に入れるというのも、保険制度としては無理がある考え方ですが。年金にしても、医療にしても、日本の制度は、社会保険方式といいながら、かなり福祉的な要素を持っている。税金を随分と入れています。税と保険の折衷が日本の社会保障制度の特徴ともいえます。車でいうハイブリッド混合方式ですね。

――確かに、給付費の半分も税金を入れて、それで社会保険方式といえるのかという人もいます。

日本が社会保障制度を作る際にお手本にしたドイツの社会保険の基本的な考え方は、財源はなるべく保険料で賄い、国の関与は受けずに自分たちで運営するというものです。それに比べると、日本は、制度を一元化して、全部国でせよ、税金を入れるのも当然だ、という考えが強くなってきているように感じます。日本の制度は税金を投入した

折衷方式で、制度が曖昧だという人もいますが、これまではその方式でまあまあうまくやってきたといえるではないかと思います。

——社会保険方式でありながら国民みんなに保障ができたのは、低所得者への保険料免除という仕組みを入れたからですね。

免除の手続きさえしていれば、税金相当分の年金が受け取れます。全く年金がゼロになるわけじゃない。保険料が強制徴収ではないところが国民年金制度の弱みであることは事実です。ですが、自主納付できない人が多くなったから税金でやろうという考え方は、間違っていると思います。

——社会保険方式を日本が採用した理由として、税方式だとスティグマ（恥辱）が生じやすいのに比べ、社会保険方式は自らの力でできるだけ備えをするという自立性があるからだといわれます。どう思われますか。

それはあると思います。英語で “Heaven helps those who help themselves” というでしょう。天は自ら助くるものを助く、と訳されます。社会保障は、自ら助くるものを助けるのであって、初めから国が助けるのではない。そういう考え方が、イギリス人にもある。資本主義、市場経済は自分の責任でやるということ。自立と尊厳を持ち、自分の義務と責任を果たすのが大事です。自助が最初にあって、それで

生活が難しい人は、みんなで助ける。その仕組みが社会保障だと思います。自分でまず最大限の努力をする。その結果責任も負う。結果が平等でないのは仕方ありませんが、それで生活が難しい人は助けるのが基本ではないでしょうか。生まれてきたらみんな全部、国が保障するというのは、ちょっと違うんじゃないのと思います。

ついでに言えば、現在の憲法には、納税や勤労の義務は書いてありますが、社会保険料納付の義務はありません。社会保障の立場からすれば、改憲するならそれぐらいは書いてほしいなと思いますね。生存権の保障責任は、最終的には国にありますが、はじめから国ではないのでは。給付を抑制する気持ちは全くありませんが、自ら律する気持ちもないと、制度は成り立ちません。

——国民皆保険・皆年金の評価は。

自分は一兵卒でよく分からない時でしたけれど、まだ日本の経済も一人前でない時に、一人残らず保険制度に加入させて医療も年金も受けられるようにするという、理想もいいところ、格好のいいことを、よくあの時代に、よく打ち上げたなというかんじはしますね。国民所得倍増計画と同時期に打ち出されたというのは、タイミングとしては非常によかったんだと思います。あの時代、国の大きなプロジェクトが全部一斉にスタートしました。新幹線や、高速道路の計画も、1964年の東京オリンピックを目指して走り出しました。

産業のインフラ、交通のインフラ、農業基本法などが、昭和30年代はじめに議論され、半ばからスタートしました。そんな時期に、皆保険・皆年金がよくできたと思います。

さらに言えば、皆保険はまだしも、皆年金なんてある意味、今、考えても無茶なこと。政治が言い出したから、厚生省はそんなことができるわけはないじゃないかと思いながら、必死になって作った。少々出来が悪かったり、問題点があったりしても、しょうがないじゃないかという思いも正直、あります。でも、作る以上は、一人残らず年金をもらえるようにしようと、必死に作った制度なんです。出来が悪い、悪いと今さら言われても、どれだけみんな一生懸命考えて苦労して作ったか、少しは分かってもらいたいな、という気持ちもありますね（笑）。

吉原健二　1955年、東大法学部卒、厚生省（現・厚生労働省）入省。年金局長として、基礎年金を創設した公的年金の1985年改正に関わる。厚生事務次官などを歴任し、1990年に退職。著書に「わが国の公的年金制度―その生い立ちと歩み―」（中央法規出版、2004年）、「日本公的年金制度史」（同、2016年、共著）など。

第3章

国民皆保険の歴史

第2章の年金制度に続いて、ここでは日本の医療保険制度の歴史を振り返りながら、国民皆保険の実現に向けて、どのような背景があり、どのような議論が行われたのかを見ていきます。

誰がどのような負担をして支えるのか――年金・医療保険とともに、制度創設時から重要な論点となってきた低所得者への対応や保険料の設定についての考え方は、現在の制度が今まさに直面する課題にもつながっています。

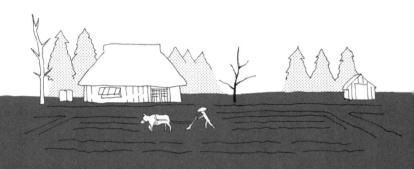

日本の公的医療保険制度の始まり

❶ ドイツを参考に創設された被用者保険

日本の公的医療保険制度の始まりは、1922年に制定された健康保険法です。工場などで働く肉体労働者（ブルーカラー）が対象で、ドイツの疾病保険（医療保険）を参考に作られました。

当時、日本では第一次世界大戦（1914～18年）後の不況で、工場の閉鎖や中小企業の倒産などが相次ぎ、賃下げや首切りに抗議する労働争議が多発していました。政府は、労働組合や労働運動を厳しく取り締まりました。しかし、資本主義経済を発展させるためには、取り締まるだけではなく、悪化した労使関係を改善し、労働者を保護することも重要だと考えて、健康保険制度の創設に踏み切ったのです。

企業などで働く事務労働者（ホワイトカラー）を対象とした医療保険制度は、1939年の職員健康保険法により導入され、その後、1942年に、健康保険法に統合・一本化されました。

なお、1922年に制定された健康保険法は、日本で初めての社会保険制度としても知られています。

2 農村にも医療を！―国民健康保険の創設

被用者を対象とした医療保険制度はできましたが、それ以外の国民、特に農民の医療をどうするかは大きな問題でした。1929年の世界恐慌や、1931年の日本での大凶作などの影響で、農村は極度に疲弊し、農民の生活が悲惨なものになっていたからです。

病気になっても近くに医療機関がない、あるいは、医療費を払えないために医者にかかることができない――。貧しいために食事を抜く欠食児童が続出し、治療費を捻出するために、若い娘が「身売り」を強いられることも珍しくありませんでした。十分な食事や栄養が取れず、病気にかかる人も多く、特に農村部では、結核や寄生虫病などの病気が目立ちました。「農村は兵隊の供給源」といわれていましたが、農民の体力は低下する一方でした。

ドイツを参考にできた健康保険法とは異なり、国民全体の約6割を占める農山漁村の住民を対象とした制度はどのように作ればよいのか、政府は頭を悩ませました。

いろいろ検討した結果、この制度の運営者は、現在のような市町村（2018年4月からは都道府県も）ではなく、市町村の区域ごとに設立される組合（国民健康保険組合）とし、組合の設立や住民の加入は任意としました。また、給付の種類や範囲、保険料の額などは、各組合で決められるようにしました。いくつかの組合で先行実施した結果を見て、できるだけ組合の自主性が発揮できるような柔軟な制度にしたのです。

こうして、1938年に施行された国民健康保険法は、戦後、1961年に実現した「国民皆保険」体制の足掛かりになったともいえます。

❸ 戦争がもたらした社会保険（医療保険）の発展

病気になっても医者にかかれないような農山漁村のひどい生活実態を改善し、都市部だけでなく全国に医療を普及させたい――これが、国民健康保険法が作られたそもそもの目的でしたが、施行前年には日中戦争が勃発し、国力増強に向けて国民の体力を向上させるという役割も担うようになりました。

そのあたりのことは、『国民健康保険二十年史』（全国国民健康保険団体中央会、1958年）を見るとよく分かります。国民健康保険制度発足20周年を記念して、35人の関係者が文章を寄せているのですが、1944年に厚生省（当時）保険局長となった伊藤謹二氏の寄稿「国民健康保険の思い出」の中に、こんな記述があります（読みやすいように少し言葉遣いを変えてあります）。

> 「法律制定当時の国保（国民健康保険）の主眼点は、農山漁村民の防貧ないし生活の安定だった。その旗印が時局の激化と共に完全に改められ、大東亜共栄圏を建設しようとする大理想達成の強力な手段となった。つまり、当時謳われた人口増加策や健兵健民政策の担い手としての使命を課せられたのであった。国民皆兵という言葉に対応させる意味からだろう、国民皆保険という標語も生まれていた」

当時、戦争のための最も重要な国策が、「健兵健民政策」でした。人口を増やし、健康な国民や兵隊を育成するといった意味です。この政策を推進するために、厚生省は、「国保なくして健民なし」と謳い、国民健康保険制度の一層の普及に力を入れたのです。

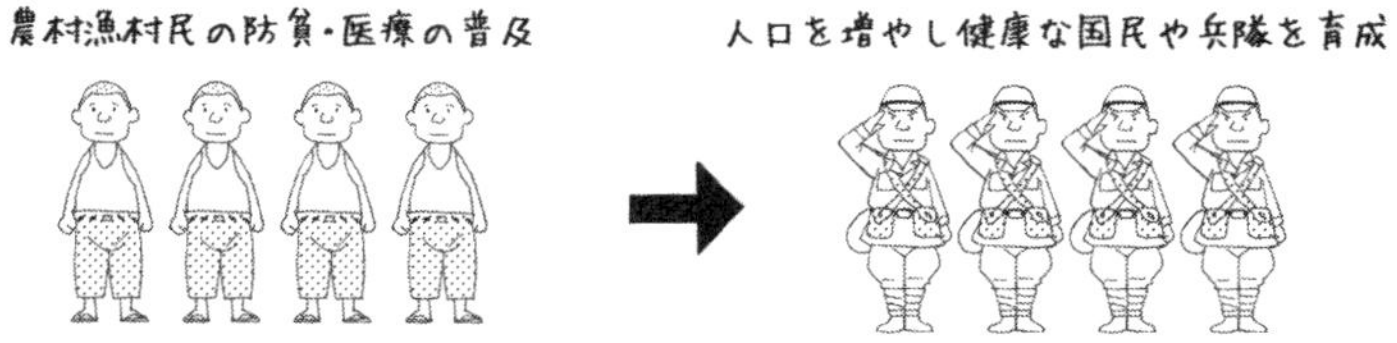

普及拡充に向けた具体策の一つが、1942 年に行われた国民健康保険法の改正です。国民健康保険組合の設立は、それまでは任意でしたが、県知事などの地方長官が必要だと認めた場合は、強制的に設立しなければならなくなりました。また、組合が強制的に設立された場合は、組合員として資格のある人はすべて加入しなければならなくなりました。

当時の厚生大臣だった小泉親彦・陸軍軍医中将は、1942 年度から 3 か年度内に全市町村に国民健康保険組合を設立することや、国民健康保険を中心とした"国民皆保険"施策を強力に実行することを打ち出しました。

こうした方針のもと、国民健康保険の一大普及計画が行われ、1943 年度末には、市町村の約 95%で国民健康保険組合が設立されました。政府は国民健康保険法を作った当初、1947 年までの 10 年間に、約 6,000 組合、約 2,500 万人を加入させる目標を立てていましたが、1944 年には、組合数は 1 万を超え、加入者数も 4,000 万人を超える普及ぶりでした。

一方、勤め人やその家族を対象とした健康保険制度も、1943 年頃には、適用事業所数は 16 万、加入者数も 800 万人を超え、急速な勢いで増えていました。

制度の崩壊と戦後の立て直し

太平洋戦争（1941 ～ 45 年）が進むにつれて、順調に普及していた国民健康保険制度も健康保険制度も立ちゆかなくなりました。戦地に人がとられ、空襲、疎開などによって医療機関は閉鎖され、医薬品もなくなっていきました。

健兵健民政策を推進するために、国民健康保険制度と健康保険制度の両方を普及・拡充させ、国民みんなに医療を行き渡らせようという、戦前の「国民皆保険」構想は、うまくいかなかったのです。

なお、『国民健康保険二十年史』には、「国民健康保険史上から見れば、1942年度からの3か年運動を『第一次国民皆保険』ということができる」と書かれています。

国民全員に医療を保障するという点では同じでも、戦前、小泉厚生大臣が目指した国民皆保険は、健兵健民政策の思想に基づいていたこと、健康保険に比べて見劣りする給付内容が大半だったこと、一夜漬けで作られた組合もあったこと、診療よりも保健婦による保健活動が事業の中心だったことなどを考えると、現在ある皆保険制度と同列に論じることはできません。ただし、戦前に誕生した国民健康保険法やその普及の実績が、現在の国民皆保険制度の下敷きとなり、その実現を容易にしたとはいえそうです。

健兵健民政策の思想に基づく

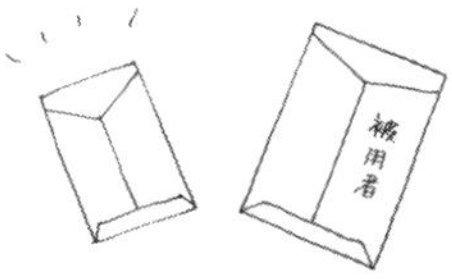

給付内容は健康保険より低い

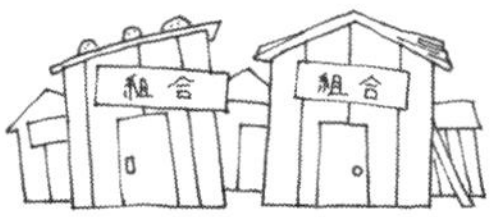

一夜漬けでできた組合も

診療よりも保健活動中心

太平洋戦争の敗戦によって制度は壊滅的な打撃を受けました。そして、終戦直後に起きた急激なインフレなどに悩まされながらも、制度の立て直しが図られていくことになります。

❶ 原則、市町村が運営

国民健康保険再建のために行われたのが、1948 年の法改正です。国民健康保険の運営は、それまで国民健康保険組合が行っていましたが、改正により、原則として市町村が担うことが決まりました。国民健康保険の業務は、住民に身近な市町村に任せた方がよいと考えられたことなどがその理由です。運営するかどうかは市町村の判断に任されましたが、その市町村が実施した場合、住民は原則として強制的に加入することになりました。

運営を行う市町村が増えるにつれ、各地に医療施設が設立され、受診率は向上しました。一方、保険料の上昇は農家の家計などを圧迫したため、保険料の収納率はなかなか上がりませんでした。そのため、保険財政は危機的な状況になっていきました。

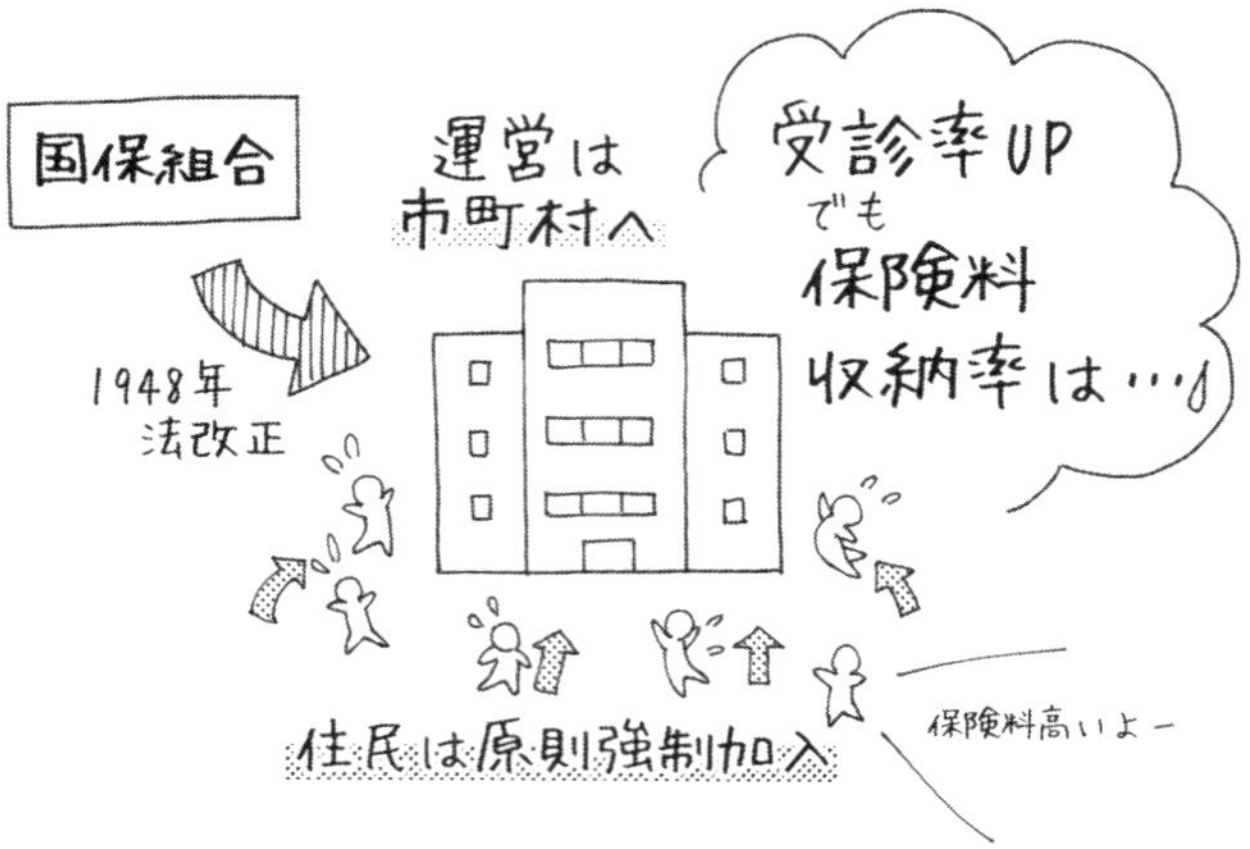

❷ 国民健康保険税(国保税)の創設

保険料の収納率を上げるために、1951 年に地方税法が改正され、「国民健康保険税(国保税)」が創設されました。市町村は、従来ある「国民健康保険料」に代わって、国民健康保険税を導入してもよいとされたのです。

あれっ、保険料で行う制度(社会保険方式)と、税金で行う制度(税方式)は違うのではなかったっけ？　社会保険方式では、保険料を負担することが給付の条件となるのに対し、税方式はそうした関係性はなく、両者の負担と給付の関係性は異なるのではなかったっけ？　…と思われた方もいると思います。

国民健康保険税は、確かに税金ではありますが、使い道を限定した目的税の一種とされたため、実質的には、保険料とほぼ変わりません。それでも創設したのは、当時の国民感情として、保険料に比べて税金の方が、納付義務意識が強いと考えられたからです。税金にすれば徴収率が上がり、ひいては保険財政もよくなることを期待して、市町村が導入を求めたのです。

なお、制度創設に携わった厚生省（当時）の担当者は、国保税といっても実質的には保険料と変わらず、市町村からの要望を受けた一時的な措置のため、10年ぐらいたったら保険料の本来の姿に戻したいと考えていたようです。ですが、実際にはこの措置はなくならず、現在でも「国民健康保険税」として費用を徴収している市町村は9割近くに上っています。

ただし、大都市部では保険料を採用しているところが多いので、加入者数で見ると約半分が保険料となっています。

❸ 国の税金の投入

国民健康保険税の導入によって保険料収納率はアップしても、残念ながら財政問題を解決するまでには至りませんでした。国民健康保険が普及すればするほど、受診率は向上したからです。その結果、多くの市町村が赤字を抱えることとなりました。

保険財政の苦しさを救うために税金を投入せよという声が強まり、これを受けて、事務費だけでなく、医療サービスの提供にかかった費用に対して国の税金を投入すること（医療給付費の2割相当分）が、1955年に法律で定められました。

国の税金が入ることによって、国民健康保険の財政状況は次第に改善していきました。運営者を原則市町村としたことと、国の税金の投入を認めたことは、国民健康保険再建への大きなきっかけになったといわれています。

「国民皆保険」の声が高まっていった背景

当時は、政治的にも、経済的にも、大きな変化があった時代です。1955年に社会党の左右両派統一、保守合同による自民党の誕生といういわゆる「55年体制」が始まると、両陣営により社会保障分野でも政策が競われました。経済は急速な復興を遂げ、1956年の「経済白書」に書かれた「もはや『戦後』ではない」という言葉が流行語になりました。日本は高度経済成長期に入ったのです。

❶ 医療格差の広がりが問題視される

一方、急速な復興の影で、病気による貧困も大きな社会問題となっていました。

戦後の保険財政の苦しさを救うために税金が投入されたことなどから、国民健康保険は急速に普及していきました。それでも、健康保険などの被用者保険にも、国民健康保険にも加入していない国民（被用者保険の適用されない零細企業に勤める会社員や、国民健康保険を実施していない市町村に住む農民、自営業者など）は、1956 年当時の推計で約 2,800 万人、総人口（約 9,000 万人）の 3 分の 1 に上りました。

被用者保険にも国民健康保険にも加入していない人のうち、1,000 万人近い低所得者は、一度重い病気にかかると生活保護の世話になるしか道がありませんでした。また、国民健康保険を実施している市町村とそうでない市町村の住民の間の「医療格差」が広がってくると、それを問題視する世論も広がっていきました。

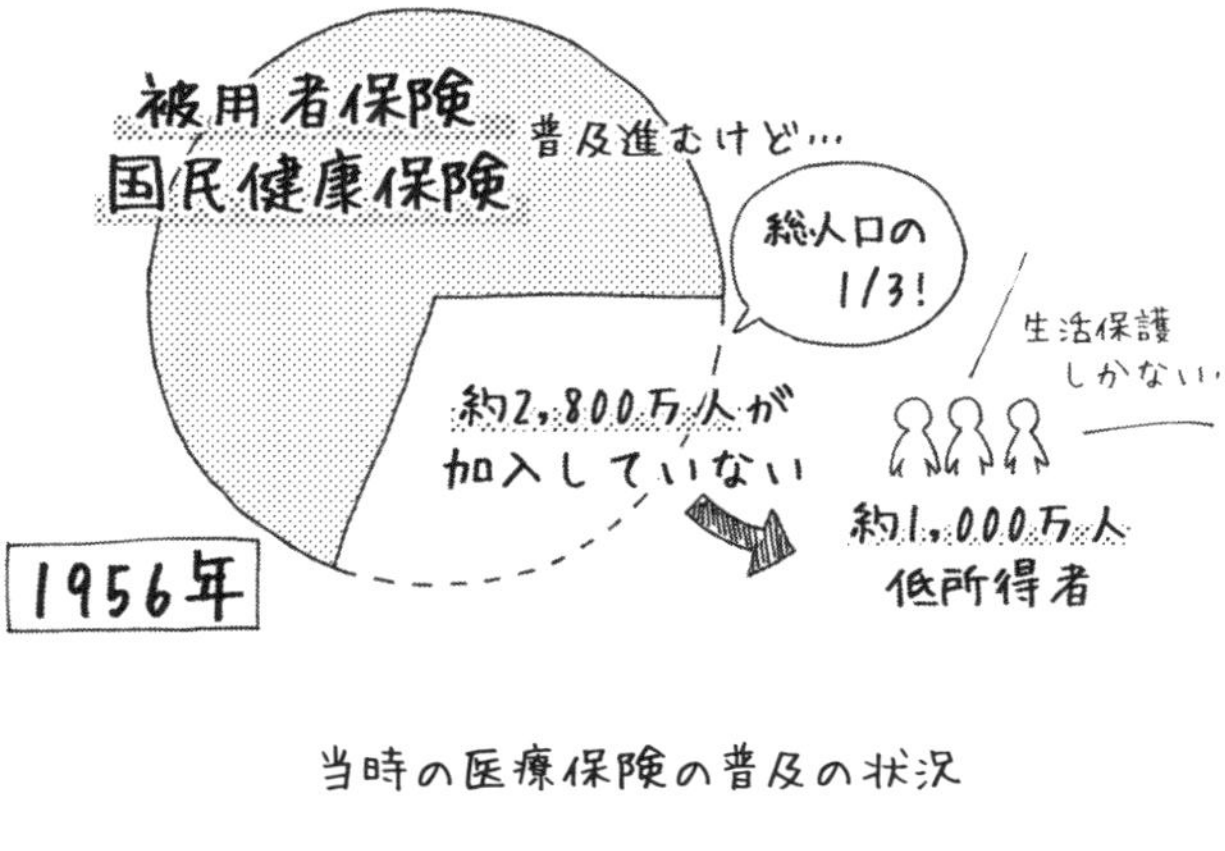

当時の医療保険の普及の状況

❷ 国民皆保険構想が掲げられる

1956年1月に、鳩山一郎首相は施政方針演説の中で、「全国民を包含する総合的な医療保障を達成することを目標に計画を進める」という国民皆保険構想を、政府の方針として明らかにしました。続く石橋内閣は、社会保障の充実を掲げ、国民皆保険の実現を閣議決定しました。これを具体化するために、厚生省（当時）の中に国民皆保険推進本部が置かれ、国民健康保険法の全面改正に向けた検討がなされました。

当時、政府に設置されたさまざまな委員会や審議会で医療に関する提言や勧告が行われましたが、いずれも、医療保険の未適用者の存在を問題にし、医療の機会均等を図ることが大きな課題に掲げられました。

内閣総理大臣の諮問機関として設置された社会保障制度審議会は、1956年11月に行った「医療保障制度に関する勧告」で、「国民の医療の機会不均等は寒心に堪えない」と表現しています。国民皆保険実現に向けて、「健康保険を中軸とする被用者保険と、国民健康保険を中心とする地域保険の2本立てで、国民皆保険体制への道を切り開いていく」と述べています。

新・国民健康保険法の成立
「国民皆保険」実現に向けて

新しい国民健康保険法は、1958年末に成立し、翌1959年に施行されました。国民健康保険法を見てみると、「国民健康保険法（昭和13年法律第60号）の全部を改正する」とあります。国民健康保険法は1938年に作られましたが、その「全部」が「改正」されたということです。当然、内容が大きく変わったため、もとの法律は「旧法」、全面改正されて現在に至る法律は「新法」と呼ばれます。

新法が旧法と大きく違う点は、国民皆保険を達成するために、それまで任意だった国民健康保険の運営を、市町村に義務付けたことです。被用者保険に加入していない住民は、国民健康保険に強制加入することとされました。また、健康保険に比べて劣っていた医療給付の内容も、同一の水準にすることが定められました。

この法律で、市町村は、1961年4月までに、国民健康保険の事業を実施しなければならない、とされたのです。

「国民皆保険」の形には、単一の制度に国民全員が加入して医療を保障する形もありますが、日本では、まず、被用者保険に入るかどうかが職業などで分かれ、被用者保険に加入しなかった人は、すべて国民健康保険に加入するという「2本立て」の形で皆保険体制が実現していったのです。

第2章では、国民年金制度創設時に財政方式や低所得者の扱いを巡ってどのような議論があったのか、主な論点についてご紹介しました。国民健康保険制度の場合はどうだったのでしょうか。国民健康保険法の旧法と新法を比較しながら見ていきたいと思います。

❶ 社会保険方式か税方式か

国民健康保険制度が始まった1938年当時のことを記した文献（『国民健康保険二十年史』、全国国民健康保険団体中央会、1958年）を読むと、次のような記述があります（読みやすいように要約・意訳してあります）。

「（大正から昭和にかけて）被用者を対象にした健康保険制度ができ、相当の成績を上げていたが、医療保険制度がない農山漁村の住民は大きな医療問題を抱えていた。都市部に比べ、農山漁村には医療機関が少なく、診療には多額の費用がかかるため、多くの住民は「経済的な重圧」に苦しんでいた。

そうした状況を解決する方法として（1）無料診療所（2）軽費診療事業（3）共済保険医療事業があった。だが、（1）は、病人には一切負担を求めないため、巨額の税金が必要となり、国や自治体がその費用負担に耐えられるか、はなはだ疑問である。（2）は、医療費軽減に相当の効果は見込めるが、軽減はどこまでも軽減なので、個人の経済的重圧の根本的な解決にはならない。

（3）は、健康保険制度や共済組合制度などのことで、この制度は、相互共済の精神にのっとり、加入者が負担するから、巨額の税金が必要になることはない。また、加入者は負担の見返りの「権利」として、給付を受け取ることができる。給付が確実に受けられるようになれば、病気による生活不安は除かれ、日常生活は安定する。また、単なる救済や補助は、国民の気力を減退させる恐れもある。リスク分散という機能を持つ保険制度では、多額の医療費を多人数の負担によって賄えるため、医療費の重圧からの解放も見込める。このような思想から、国民健康保険制度は立案されたと思える」

つまり、税方式で行うと莫大な税金が必要と見込まれること、また、社会保険方式の方が給付の権利性が強いと考えられたことなどがうかがえます。

国民健康保険制度が成立するまでの間、何度も要綱案が作られ、内容が変わったところもありますが、社会保険方式については、当初の段階からぶれがありません。上記にあげた要素のほか、既に実施されていた被用者対象の健康保険制度が社会保険方式で行われていた影響もあるのかもしれません。

❷ 低所得者の対応

社会保険方式ですべての人に医療を保障する場合、問題となるのは、保険料を払えない低所得者をどうするかです。

国民健康保険法（旧法）ができた1938年当初は、運営を行う組合の設立は任意で、加入も原則として任意でした。組合が設立され、例外的にその地区の人が強制加入とされた場合でも、被用者保険に加入している人と並んで、「特別な理由のある人で、組合の規約で定める人」は適用除外の対象とされました。具体的には、多額の収入のある人や、低所得者などです。前者は保険に加入する必要はないし、後者は「保険料を拠出して給付を得る」という社会保険の原理から見て、加入する能力がないと考えられたためのようです。ただし、この適用除外は、加入を望んだ人まで拒むものではない（任意加入はできる）ものとされました。その後、高額所得者は適用除外対象者から外されました。

低所得者の場合は、任意加入が可能であっても、現実に保険料を払うのは難しいといえます。実際、組合に代わって保険の運営者が原則として市町村となった後も、地方税（住民税）を免除されている低所得者は、ほとんど例外なく除外されていたようです。

しかし、1958年の国民健康保険法の全面改正では、「国民皆保険」を達成するために、全市町村に保険の運営者になることを義務付け、被用者保険に加入していない住民はすべて国民健康保険制度に加入することが定められました。

国民健康保険制度は、社会保険方式で運営されています。社会保険方式は、保険料を拠出することで給付を得られることが基本ですが、保険料を払えない低所得者の扱いはどうしたので

しょうか。

制度が対象としている人（被保険者）を確認するために、国民健康保険法（新法）を見てみると、第５条に「市町村または特別区に住所がある人は、その市町村が行う国民健康保険の被保険者とする」とあります。続く第６条には「次のいずれかに該当する人は、市町村が行う国民健康保険の被保険者にしない」という適用除外の規定があります。その代表的なものは、被用者を対象とした健康保険制度に加入している人たちです。

では、低所得者はどうでしょう。日本の医療制度について詳述した『日本の医療　制度と政策』（島崎謙治、東京大学出版会、2011年）によると、新法ができた当初は、「国民健康保険の健全な運営を阻害してまで、国民皆保険の思想を貫くことは問題である」との理由から、「貧困のため市町村民税を免除されている者及びその世帯に属する者」は適用除外とする規定（新国保法制定当時の条例準則第５条第１号）が設けられていたそうです。これは、「保険料を拠出することで給付を得られる」という保険原理に忠実でいようと思えば当たり前のことです。

しかし、それでは国民皆保険は達成できません。そのため、この規定は後に廃止されました。つまり、低所得者でも、被保険者として保険料は納めなければならないということです。

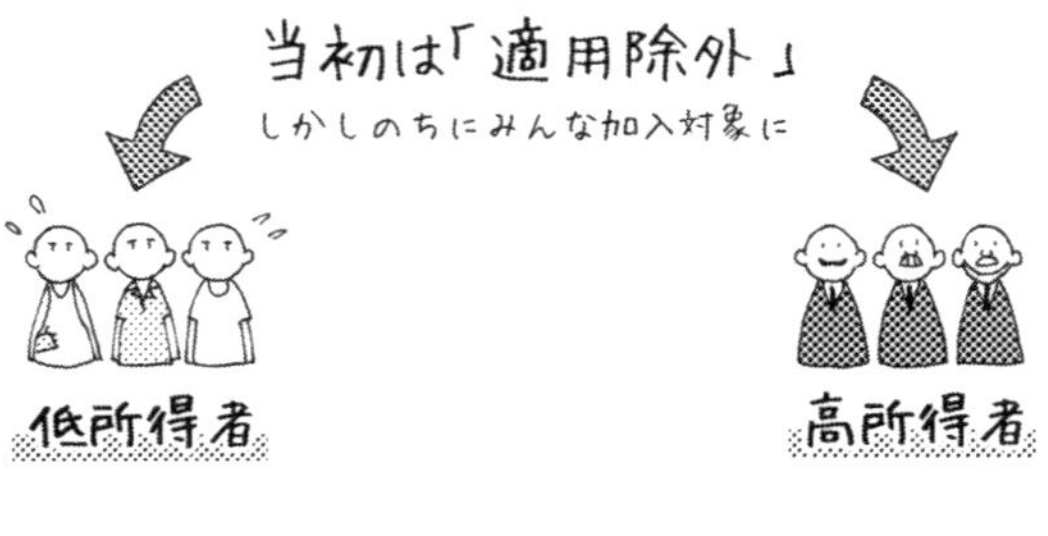

ただし、適用除外者を並べた第6条には、「生活保護法による保護を受けている世帯に属する人」という項目もあります。同じ低所得者でも、生活保護を受けている人は、国民健康保険の加入から除外しているというわけです。

新法制定時は、生活保護を受けている人も、生活保護となってから3か月間は、国民健康保険制度の対象とされていました。しかし、事務の煩雑さや保険財政の悪化を招くなどの理由で、1963年の国保法改正（新法の改正）で、生活保護の受給開始時点で、国民健康保険制度の適用除外となりました。つまり、

・生活保護受給者以外の低所得者
　→新法成立当初は対象外、その後に対象
・生活保護受給者
　→新法成立当初は対象、その後対象外

ということです。

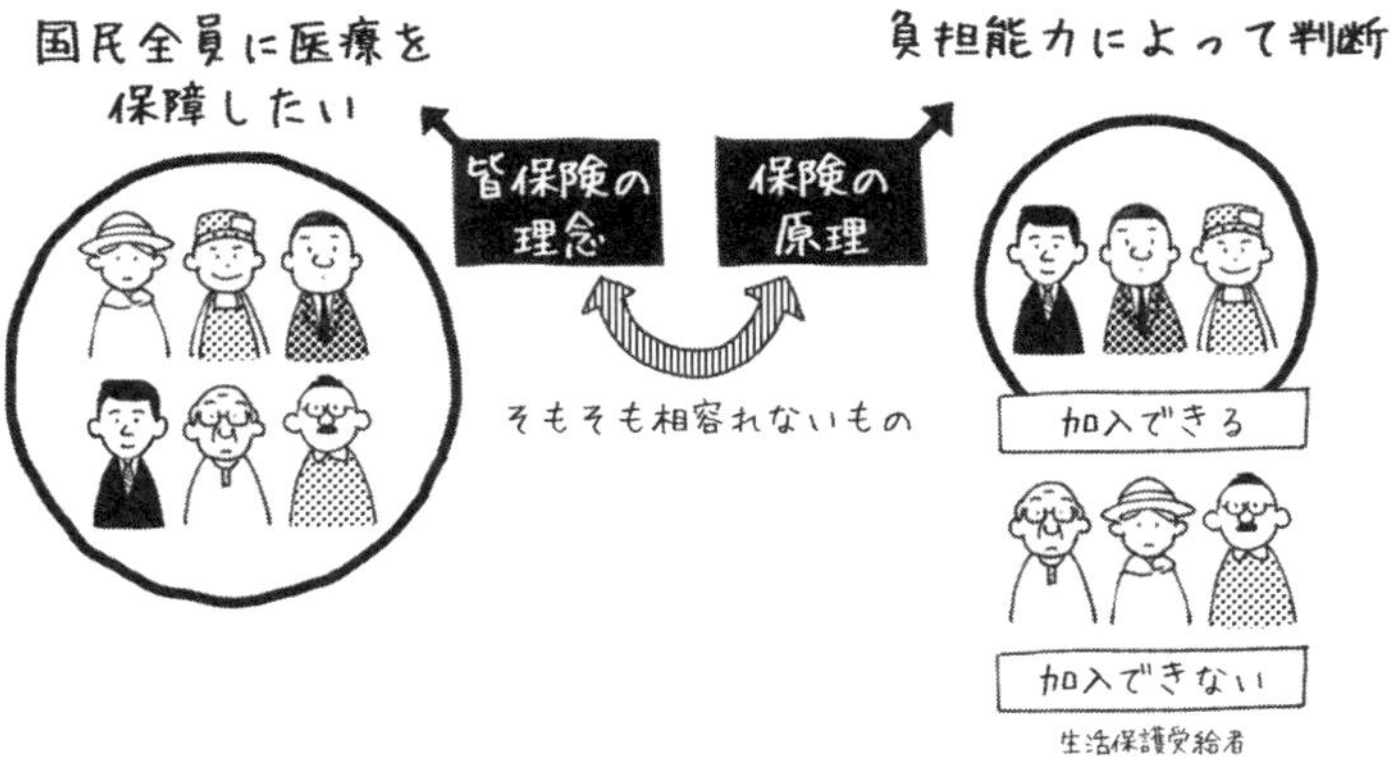

著者の島崎謙治氏（現・政策研究大学院大学教授）は、「こうした首尾一貫しない方針は、国民皆保険実現当時、行政官の間でも、皆保険の理念と保険原理の関係がうまく咀嚼されていなかったことの証左として興味深い」と述べています。

国民みんなに医療を保障したいという理念と、負担能力がある人が制度に加入する、裏返せば負担能力のない人は加入できないという保険の原理はそもそも相容れないものですが、そうした相克が当初からあったということです。

生活保護受給者をなぜ国民健康保険の対象から外したのか、2005年に参議院で出された質問主意書に、当時の内閣はこう答えています。

「国民健康保険制度においては、健康保険法の被保険者等についての適用を除外しており、被保護者についても、保険料の負担能力がないことや、その多くが医療扶助を受けており、他の被保険者の保険料負担や保険財政に与える影響も大きいこと等から、従来から被保険者から除外しているものである」

「被保護者」とは生活保護受給者のこと、「医療扶助」とは生活保護の中で行われる医療の給付のことです。生活保護受給者は自己負担なしに、国民健康保険制度とほぼ同レベルの医療サービスが受けられます。

ただし近年、生活保護を受ける人が急増し、全体の費用の約半分を医療費が占めていることから、過剰な受診や不正な診療はないか、生活保護受給者にも一定の負担を求めるべきではないかなどが議論になっているのはご存じの通りです。

国民年金制度では、生活保護の受給にかかわらず低所得者も制度の対象に含めていました。一方、国民健康保険制度では、生活保護受給者を被保険者から外しています。これでは「国民皆保険」といえないのではないかと思われた方もいると思います。確かに例外といえなくもありませんが、生活保護受給者については生活保護法で医療を保障する仕組みが以前からあり、「みんなに医療を保障する」という観点から見れば、そちらも合わせれば十分と考えられたこと、また、もし生活保護受給者を国民健康保険に含めるとなると、保険財政が非常に厳しくなると考えられたことなどがあげられそうです。

なお、『戦後における社会保障の展開』（大内兵衛編、至誠堂、1961年）によると、当時野党だった社会党が、「生活保護法の医療扶助制度は国民健康保険に吸収する」案を発表したとありましたが、実現されませんでした。

❸ 制度の対象者

国民年金創設時は低所得者の扱いが大きな問題となりました（P.35参照）。それに比べると、国民健康保険の新法創設時は、それほど大きな論点にはならなかったようです。

むしろ、当時問題になったのは、健康保険（被用者保険）の制度の対象者から除外されていた「5人未満の零細事業所に勤める会社員とその家族」の扱いだったようです。中小企業の中でも小規模な事業所に勤める人たちを健康保険に入れるか、国民健康保険に入れるかで、相当議論がありました。

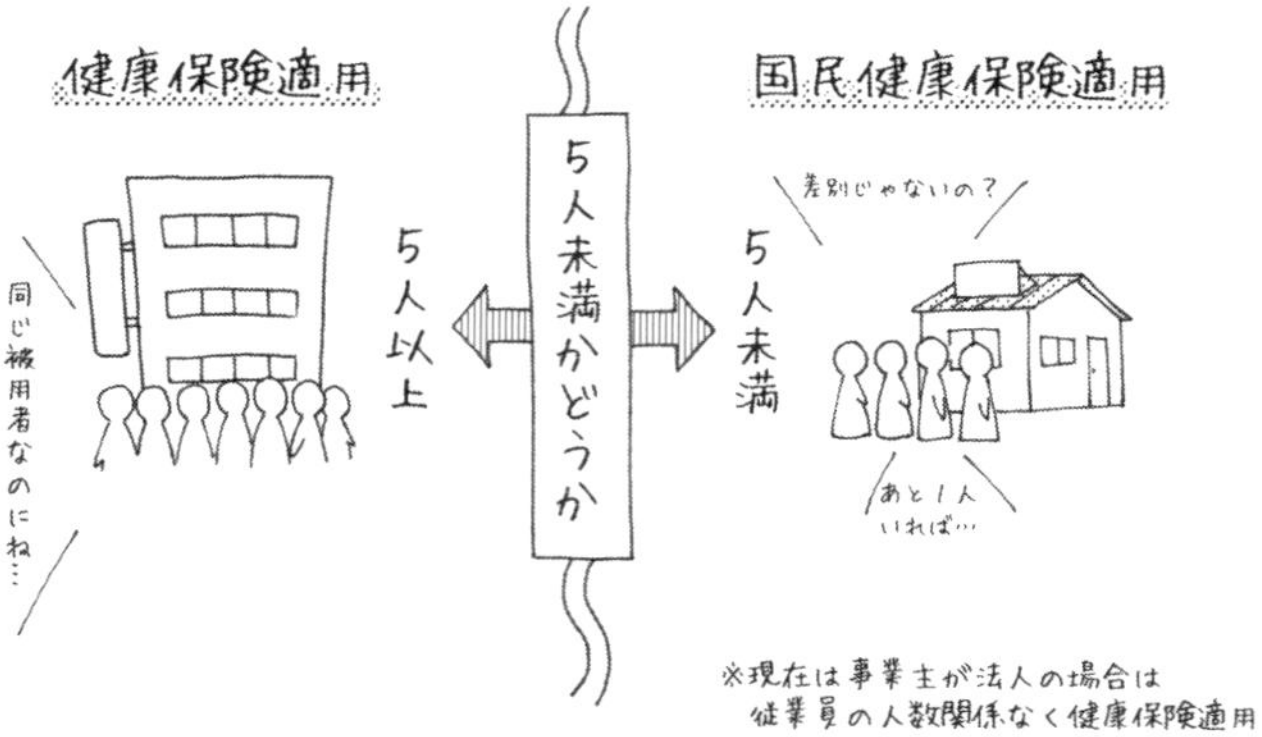

結局、国民健康保険に入れることになったわけですが、『戦後における社会保障の展開』の執筆者の一人でもある近藤文二氏は、「同様に被用者という立場にある人々を、ただ単に5人未満であるか否かによってこのように差別的取り扱いを行うことは妥当でない」と書いています。ただし、現在では、事業主が法人である場合は、5人未満でも健康保険が適用されています。

❹ 保険料の設定

生活保護を受けるほどではなくても、所得が低い人にとって、国民健康保険の保険料を納めるのは大変なことです。しかし、保険料を納めてもらわなくては、社会保険方式による「国民皆保険」は実現できません。低所得者の保険料負担は、どういう仕組みにしたのでしょうか。

まず、制度発足当時の保険料の支払い方を見てみたいと思います。

保険料は、その人の所得に応じて負担してもらうことが望ましいと考えられています。ですが、会社員などが加入する被用者保険とは異なり、農民や自営業者などが多い国民健康保険の場合は、被保険者（制度の対象者）の所得を正確に把握するのは難しいと考えられました。また、被保険者間の所得格差も大きかったため、「所得」にだけ着目して保険料を求めると、一部の人の負担が重くなりすぎる恐れもあると考えられました。

そこで、国民健康保険の保険料は、被保険者の世帯の所得や資産、家族構成などを考慮して決めることにし、実際にどういうやり方で徴収するかは、保険の運営者である市町村が条例によって定めることになりました。

各世帯に賦課される保険料は、基本的に、被保険者の負担能力に応じて課される「応能分」と、受益（利益を受けること）に応じて等しく被保険者や世帯に課される「応益分」とに分けられます。

「応能分」はさらに、所得に応じて負担を求める「所得割」と、資産に応じて負担を求める「資産割」とに分けられます。「応益分」は、世帯の被保険者の人数に応じて負担を求める「均等割」（注：国民健康保険には被扶養者という概念がなく一人ひとりが被保険者になるため、子供も含め、世帯の人数が多いほど均等割の金額も増えていきます）と、世帯ごとに負担を求める「平等割」（注：世帯ごとに課せられるため、世帯に何人いても平等割の金額は変わりません）とに分けられます。

これら４種類をどう組み合わせるかは市町村が決めますが、所得割と均等割が入っている必要があり、その合算額を世帯主が納めることとされました。

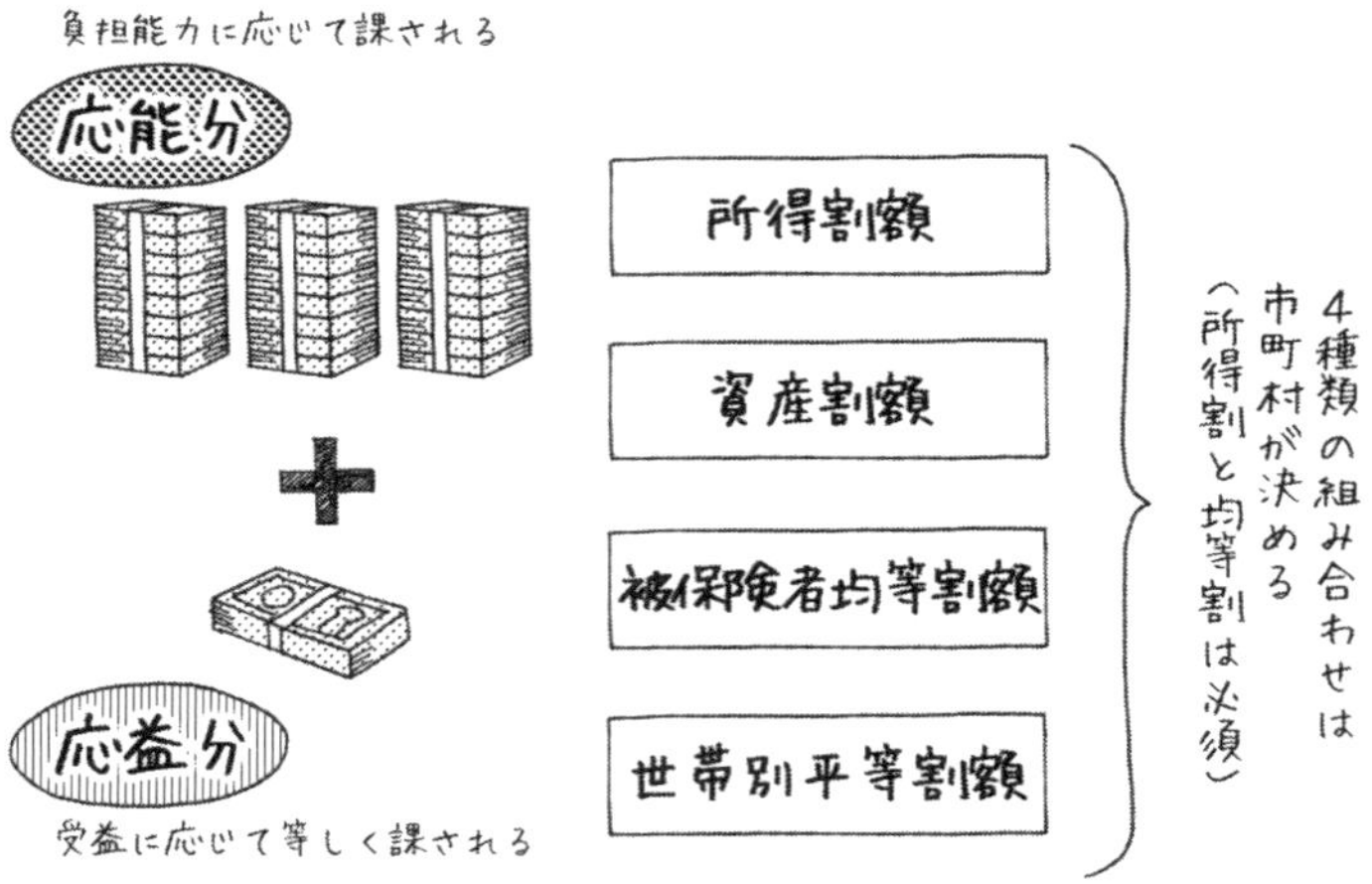

保険料ではなく、保険税として徴収する場合は（税金という名目にした方が集めやすいからと、国民健康保険税として徴収する自治体も多くありました）、当時のお金で、上限額が年間5万円と定められました。

「応能分」は、所得が低かったり、資産がなかったりすれば発生しませんが、「応益分」は、所得の有無にかかわらず発生するため、低所得者には負担が重いといえます。


1958年に新法（新・国民健康保険法）が制定された当初は、貧困のため市町村民税を免除されている低所得者は国民健康保険の適用除外とされ、保険料納付義務は発生しませんでした。しかし、適用除外とした条例準則は、1961年3月23日、つまり国民皆保険が達成する直前に改められたため、低所得者でも保険料の納付義務が生じました（P.70参照）。

負担が重いことは分かった上で低所得者にも納付を求めた背景には、「保険制度である以上は、応能分はともかく、応益分ぐらいは負担してもらおう」「国民皆保険の理念を達成するためには、低所得者であっても保険料の負担はしてもらおう」という考えがあったからではないかと推察されます。

しかしながら、実際に保険料の徴収業務にあたる市町村からは、「低所得者の負担が重くて徴収できない」という声が多く寄せられるようになりました。

1962年11月に全国町村長大会が開催された際の「国民健康保険制度の改善に関する要望」には、「国民健康保険は、被保険者の（国保）税負担においても、保険者たる町村の財政負担においても、もはやその限界に達している。国民の半数を擁する国民健康保険制度の充実なくしては国民皆保険の完成はなく、その大半が低所得階層によって構成されている国民健康保険制度は、社会保障の充実を目標にこれが抜本的改革を行うべきであるが、当面早急に改善を要する項目の実現を要望する」として、その一項目に、「低所得階層に対しては国庫負担による保険税の軽減措置を講ずること」があげられています（国民健康保険中央会編『国民健康保険五十年史』、ぎょうせい、1989年 より抜粋）。

こうした状況を受け、1963年に、保険料軽減制度が誕生しました。軽減対象となるのは、応益分（均等割、平等割）部分で、所得に応じて軽減の幅が決められ、その分は国の税金で補てんすることになりました。

コラム

保険料負担を巡る議論

国民健康保険の低所得者の負担に関しては、現在でもさまざまな議論があります。生活保護受給者も国民健康保険の被保険者にして、その人たちも含め、低所得者の保険料の軽減割合をもっと高めるべき（現在の軽減割合は最高で７割）とか、全額免除も取り入れるべきだとの意見があります。一方で、国民健康保険も社会保険の仕組みである以上、全額免除は適当ではないといった意見も聞かれます。

なお､国民年金には低所得者の保険料に「全額免除」がありますが、国民健康保険には軽減はあっても、所得に着目した全額免除の仕組みはありません。年金の場合は、免除者と非免除者の間で年金給付に差がつけられます（免除の手続きさえしていれば、免除者はその期間に応じて、基礎年金のうち国庫負担分である２分の１は受け取ることができます）。しかし、国民健康保険の場合は、保険料を払っていないからといって、必要な医療サービスを一部のみに限定して行うわけにもいかないからです。

いずれにしても、低所得者の保険料負担をどうするかは、誰が、どのような負担をして制度を支えるのかといった制度の根幹部分に関わるだけに、昔も今も、重要なテーマだといえます。

最近の社会保障制度改革の議論では､「**そもそも、低所得者とは誰のことを指すのか**」という議論も起きています。所得格差も広がる中、社会保障制度はもちろんのこと、税制も含めた幅広い観点からの議論が必要です。

第4章

国民皆保険・皆年金の今とこれから

これまで「国民皆保険・皆年金とは一体、何なのか」「いつ頃、どういう経緯でできたのか」を見てきました。

皆保険・皆年金が実現して50年以上過ぎた現在、社会保障制度は「揺らいでいる」「綻びが目立つ」などとよくいわれます。ここでは、医療と年金、各保険制度の現在の形（体系）について紹介しつつ、「現在、問題になっていることは何なのか」「解決するにはどうすればよいのか」を、一緒に考えていきたいと思います。

現在の公的医療保険制度

現在の日本の公的医療保険制度は、大きく3つに分かれています。「被用者保険」と「国民健康保険」、そして75歳以上の高齢者を対象とした「後期高齢者医療制度」です。

原則的に、この3つの制度体系のいずれかに国民は加入して、保険料を支払えば医療サービス（給付）を得られることから、国民皆保険は今でも日本の社会保障の大きな特徴となっています。

皆保険が達成された1961年当時と比べると（P.65参照）、「後

※被用者保険には「健康保険」のほかに、公務員などが加入する「共済組合」などがあります。

※65歳以上の人を「高齢者」と呼び、中でも65～74歳の人を「前期高齢者」、75歳以上の人を「後期高齢者」と呼びます。

期高齢者医療制度」が新しく加わっているのが分かります。これは、2008年に創設された制度で、それまで国民健康保険に加入していた高齢者、高齢になっても企業に勤めて被用者保険に加入していた高齢者、家族との同居などにより、被用者保険の被扶養者になっていた高齢者のうち、75歳以上の人だけを対象にしたものです。

年を取ると、病気にかかりやすくなります。実際、高齢者の一人当たり医療費は、若い人の数倍多くかかっています。その費用を高齢者だけに負わせると、負担があまりに重くなってしまいます。

そこで、高齢者の医療費をどう支えるか、高齢者だけでは無理となれば、現役世代からの保険料や税金をどう使うかが、長年の懸案となってきたのです。

❶ 一時、老人医療費の自己負担は無料だった!!

高齢者の医療をめぐる制度の歩みは平坦ではありませんでした。

1973年、老人福祉法による老人医療費支給制度が創設されました。これは、70歳以上の国民健康保険と被用者保険の加入者などの自己負担分を全額無料にするというもので、すべて税金によって賄われました。

しかし、医療費が無料になったために、制度開始から10年の間に、老人の受診率、一人当たり医療費等が一気に増加し、老人医療費が急増します。

ここで、医療保険各制度間の加入者構造の課題もあらわになってきました。

❷ 膨らむ高齢者の医療費をどうするか

皆保険達成時の２本立て（被用者保険と国民健康保険）の制度の場合、勤め人の多くは定年で会社を辞めるため、被用者保険にとどまることはできません。退職後は、一定の条件を満たした場合に、家族の加入する被用者保険の被扶養者になることもできますが、基本的には、自分が住んでいる地域の市町村（2018年４月からは都道府県も）が運営する国民健康保険に加入することになります。

そうすると、当然、国民健康保険には、仕事を辞めて収入は低いが医療費は多く使う高齢者がたくさん集まります。つまり、高齢者の加入が特定の保険グループ（国民健康保険）に偏在し、その他（被用者保険）のグループとの格差が大きくなってしまうのです。

こうした状況を受け、負担の公平性の観点から調整の仕組みが必要だということになり、1982年に「老人保健制度」が導入されました。制度体系は２本立てのまま、高齢者にかかる医療費を国・自治体・各保険者が共同で分担する仕組みにしたのです（老人医療費の無料化は廃止）。

仕事を辞めて収入は低いけど、
医療費は多くかかるんだよなぁ。

しかし、被用者保険の負担が急増したため、２本立ての制度体系に加え、75歳以上を対象とした「後期高齢者医療制度」という新たな制度を作ることにしました。75歳以上を別建ての制度にしたのは、75歳を過ぎると医療機関に行く

機会が増え、医療の使い方も現役世代とは異なると考えられたためです。

この制度では、75歳になると、全員がそれまで加入していた保険グループから外れ、後期高齢者医療制度に個人単位（一人ひとり）で加入します。かかった医療費の1割（現役並み所得者は3割）を患者が自己負担し、残る費用が制度から給付される仕組みです。その財源は、1割が高齢者自身の保険料、残りの9割のうち5割が税金、4割が現役世代からの支援金（74歳以下が加入する各保険者からの支援金）で賄われます。

保険の運営は都道府県単位で、その地域の全市町村が参加して設立した「後期高齢者医療広域連合」があたります。

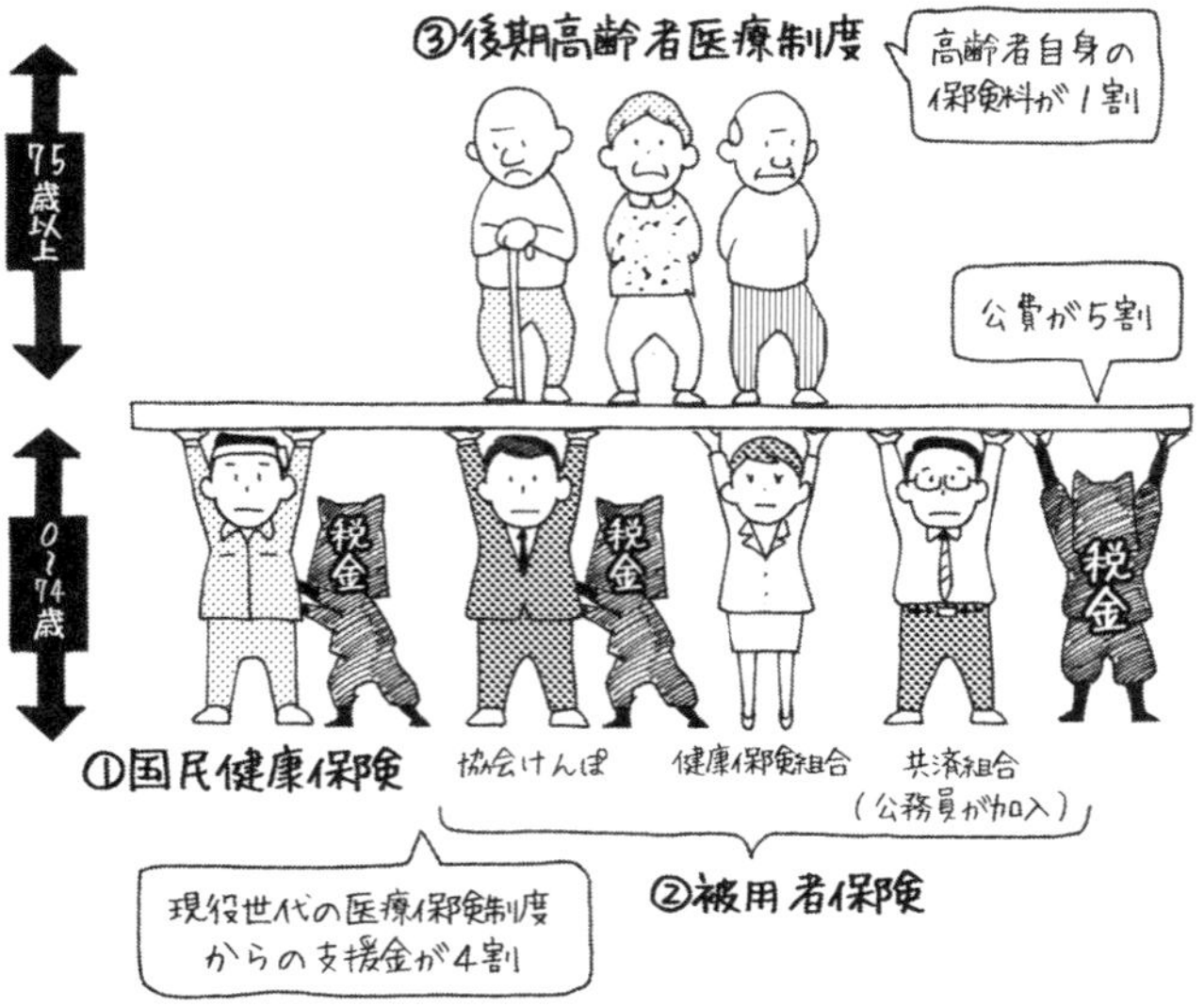

現在の公的年金保険制度

現在の日本の公的年金保険制度は、全国民を対象とした国民年金（1階部分）と、勤め人などを対象とした被用者年金（2階部分）から成り立ち、「2本立て」ならぬ「2階建て」の仕組みといわれます。

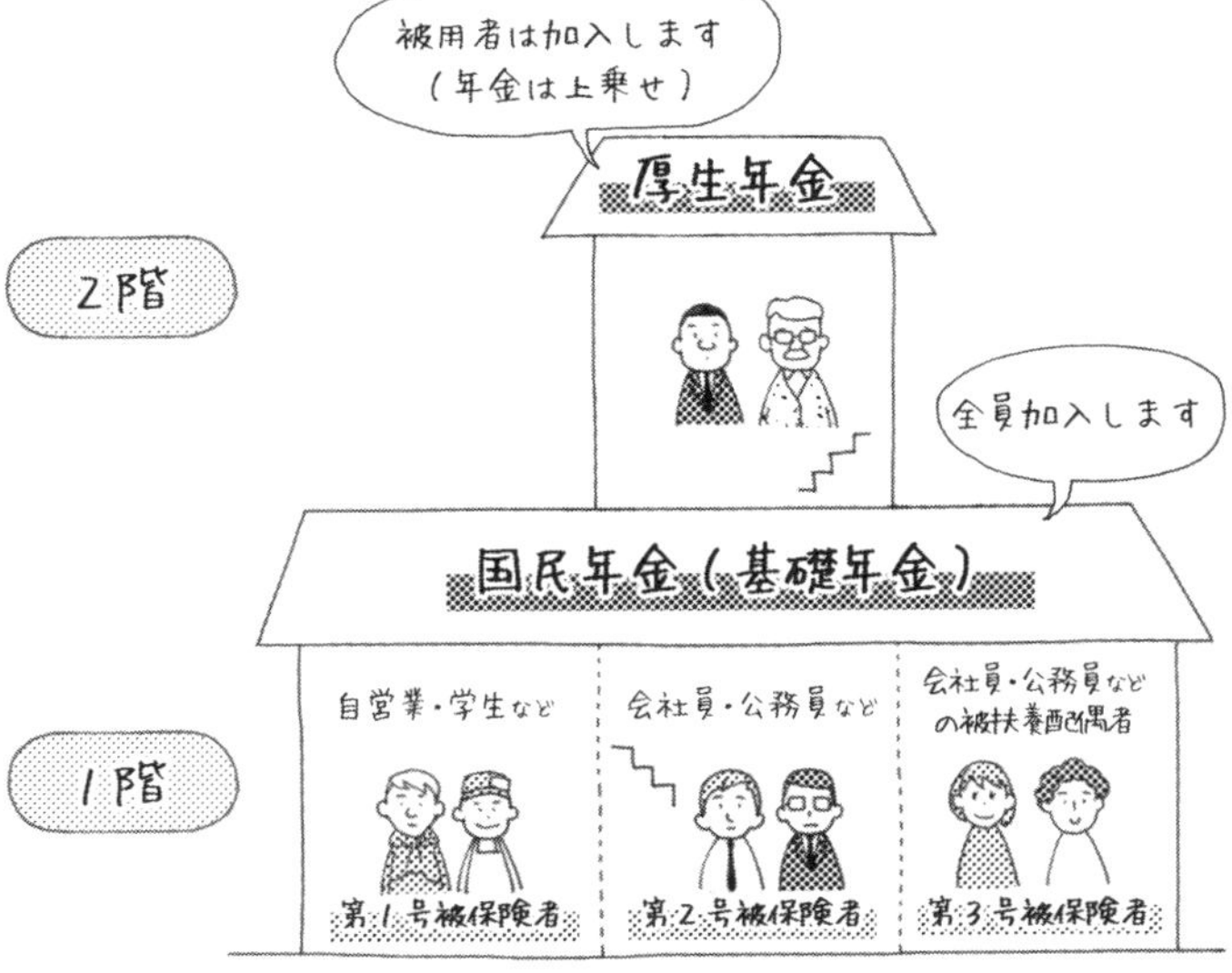

❶ 制度の大改正を経て現在の形へ

あれっ、国民年金は、自営業者など、被用者年金に加入していない人を対象にした制度ではなかったっけ、と思われた方がいるかもしれません。

国民皆年金の実現当時（1961年）は、対象者は被用者年金に加入できない人に限られていましたが、その後、大きな制度改正があり、国民年金という言葉の意味も、制度の姿・形も大きく変わったのです。

その背景として、産業構造や就業構造などの変化があげられます。その結果、自営業者などが減少し、国民年金制度の維持が難しくなることが予想されました。さらに、加入している制度間で給付と負担に格差が目立ち始め、不公平感も募っていました。

また、1960～70年代の高度経済成長期に年金の給付水準が大幅に引き上げられましたが、1973年のオイルショックを機に税収が落ち込み、収入の一部を税収に頼っていた年金財政も悪化の懸念が高まっていました。こうしたことを受け、国民年金を全国民共通の仕組みとし、支給する年金の費用も、各制度が持ち寄ってみんなで負担することにしたのです。

1986年、それまでの被用者年金の一部が国民年金にドッキングされ、全国民（学生の強制加入は1991年4月から）を対象にした新たな国民年金が作られました。

❷「2階建て」の仕組み

国内に住む20歳以上60歳未満の人は、国民年金への加入が義務付けられ、定額の保険料（2018年度は月1万6,340円）を支払います。65歳になると年金（2018年度は月約6万5,000円）が給付されます。これは、生活の基礎になる年金ということから、「基礎年金」と呼ばれます。

国民年金は職業や働き方によって3つのグループ——自営業者など国民年金だけに加入する「第1号被保険者」、会社員など被用者年金にも加入する「第2号被保険者」、そして被用者に扶養された配偶者（主に専業主婦）の「第3号被保険者」——に分かれています（この3つのグループのあり方や、2階建ての制度体系については見直すべきではないかといった議論もあります）。

自営業者（第1号被保険者）や専業主婦（第3号被保険者）が加入するのは国民年金だけですが、被用者（第2号被保険者）は、1階の国民年金に加え、2階の厚生年金（被用者年金）にも加入します。というよりも、2階部分に加入すると、自動的に1階部分の国民年金にも加入することになります。

よく、「自分は国民年金に加入した覚えはない」と言う人がいますが、国民年金はみんなが加入するものであり、厚生年金の保険料には、基礎年金分の保険料も含まれているのです。

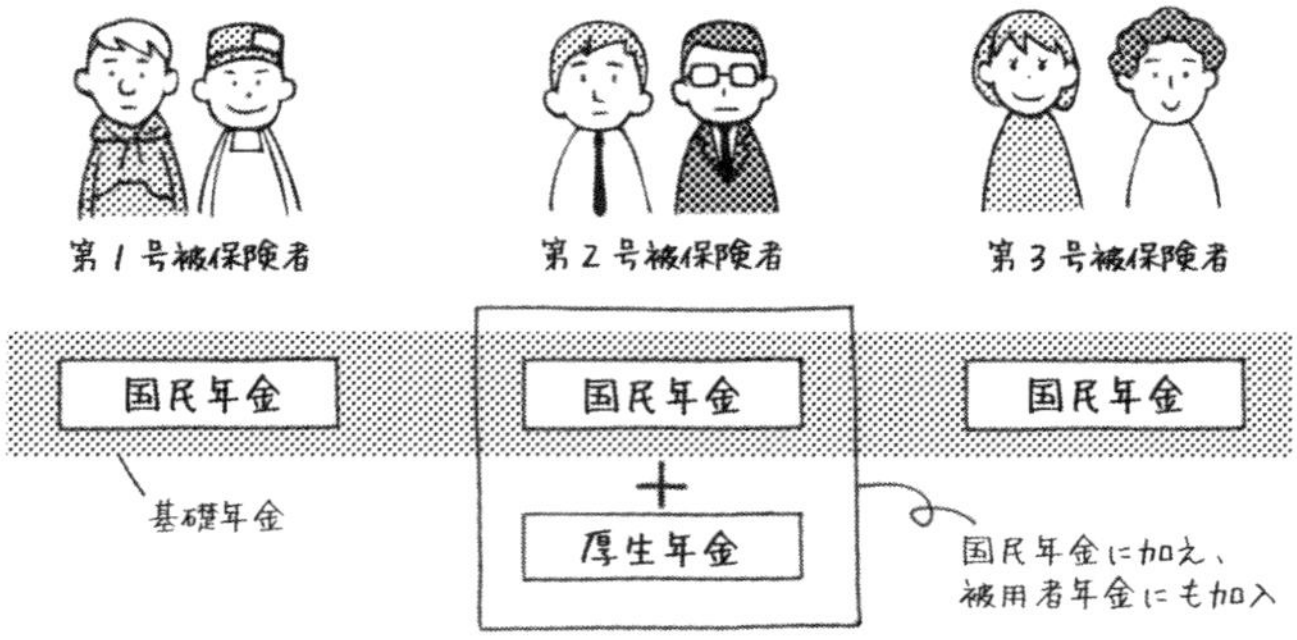

なお、厚生年金の保険料は国民年金のように定額ではなく、給料に比例して納め、年金給付もその人の給料に応じて納めた保険料に比例します。保険料は2018年現在、賃金の18.3%で、これを労使折半（会社が半分、本人が半分）で納めます。

1986年から実施された制度の大改正で、年金制度の形は大きく変わりましたが、国民全員をカバーし、保険料を納めていれば年金が受け取れるという点で、今でも国民皆年金は日本の社会保障制度の大きな特徴の一つになっています。

国民皆保険・皆年金の揺らぎ
その要因とは

日本人の平均寿命は、男性80.98歳、女性87.14歳（2016年）。この先も延びると予測され、とりわけ女性の平均寿命は、やがては90歳を超えると推計されています。一方、生まれたばかりの赤ちゃんの死亡率は、日本は世界各国の中でも最も低い部類に属しています。

これらは、一定額の自己負担で、誰もが、いつでも、全国どこの医療機関にも等しくかかれる国民皆保険体制の賜物といえるでしょう。かつて、農村に医者がおらず、いても医療費を支払えないために娘を身売りした時代があったなど、今では想像もできません。

また、現在では、高齢者世帯の平均所得の約7割を公的年金が占めています。国民皆年金のおかげで、老後の生活不安は減り、高齢過疎化や人口減少が進む地方の経済にとっても、年金はもはやなくてはならない存在となっています。

世界を見渡せば、不衛生な環境のために、感染症で命を落とす子供や、公的な年金制度がないために、不安を抱えながら老後生活を送らなければならないお年寄りがいます。そうした中で、日本は、世界が羨む生活水準や長寿を手に入れました。

「保険料を負担できない人まで制度に含める」という矛盾を孕《はら》みながらも、「国民みんなに年金や医療を保障しよう」という高い理想を掲げた国民皆保険・皆年金が果たした役割は、大きかったといえます。

しかし、今、社会保障制度は「揺らいでいる」といわれます。「崩壊寸前」「崩壊している」という人すらいます。なぜなのでしょうか。国民皆保険・皆年金という観点から、その理由を見ていきたいと思います。

日本の社会保障制度は揺らいでいる…？

雇用の不安定化がもたらす問題

かつて、日本は、「雇用の優等生」といわれてきました。先進国の中でも、失業率が低かったからです。それを可能にしたのが、「正社員」「終身雇用」「年功序列型賃金」といった日本独特の雇用システムでした。高度経済成長時代には、このシステムが当たり前で、保険料の拠出も順調でした。

しかし、経済のグローバル化で国際競争が激しくなり、企業は、パートやアルバイト、派遣社員などの非正規労働者を多く雇うようになりました。今や、雇用期限がなくフルタイムで働くいわゆる正社員は、当たり前の存在ではなくなりました。雇用されて働く人のうち、4割近くが非正規労働者になったのです。

1 働き方における格差

多様で柔軟な働き方を実現する上で、「非正規」という働き方自体が悪いということではありません。長い人生の中で、フルタイムでない働き方をしたいという時もあるでしょう。しかし、問題なのは、現在の非正規労働者は、雇用の条件や待遇、社会保障の面などで正社員との間に大きな格差があることです。雇用契約が切られる場合もあるなど、安心して働ける環境にあるとはいえません。非正規で働く若い人の中には、正社員を希望しながらそれがかなわずに働いている「不本意非正規」の人も少

なくありません。

正社員とそうでない人との間で、どれだけ格差があるのでしょうか。厚生労働省の資料（2017年賃金構造基本統計調査）によれば、正社員の平均賃金が月約32万円なのに対し、非正規労働者は約21万円。正社員の賃金が、年齢とともに右肩上がりのカーブを描くのに比べて、非正規労働者はほぼ一定です。そのため、生涯の賃金格差は大きなものとなります。

知識や経験を積めば、賃金の上昇を望めますが、非正規労働者は教育訓練を受ける機会が少なく、正社員のほぼ半数となっています。

働き方の差は、結婚に関しても大きな違いを生みます。30歳代後半の男性正社員の7割が結婚しているのに対し、同じ年代の男性非正規労働者の婚姻割合は3割。確かに、経済的に安定した状態でなければ結婚は考えにくいでしょうし、子どもを持つことはなおさら難しいといえるでしょう。

年金や医療保険の適用の点でも、正社員と非正規労働者との間では格差があります。給付が手厚いといわれる厚生年金や健康保険の適用を受けている人は、正社員ではほぼ100％なのに対し、非正規労働者で適用されているのはそれぞれ約半数となっています。

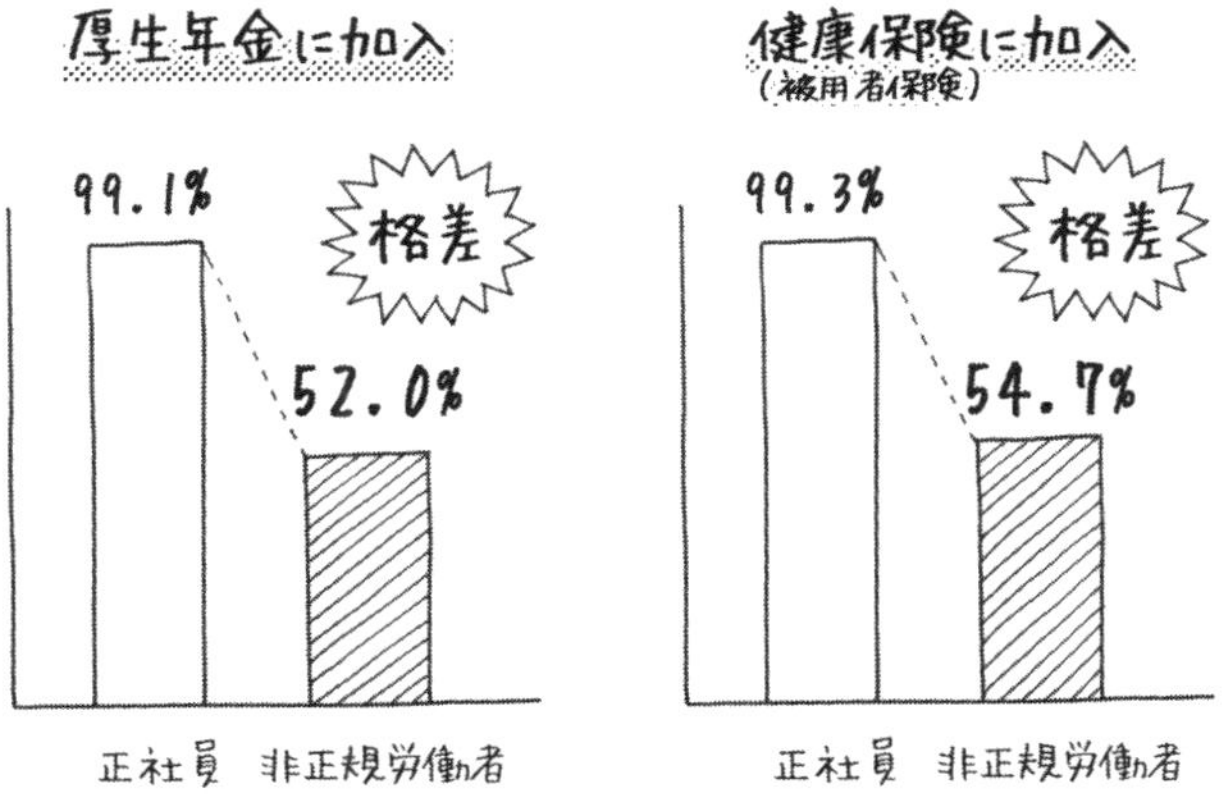

（厚生労働省資料より作成）

「雇われて働いている」という点では、本来、正社員も非正規労働者も同じ種類の年金・医療保障があってよさそうですが、現実には、正社員と同じ給付を受けられない場合があるのです。

❷ 年金保険における格差

国内に住む20歳以上60歳未満の人は、国民年金への加入が義務づけられており、定額の保険料を払って老後に定額の年金を受け取ります。自営業者らが加入するのは国民年金だけですが、正社員の場合は、国民年金に加えて厚生年金にも加入します。厚生年金の保険料は給料に比例して納め、年金給付も給料に応じて納めた保険料に比例します。そのため、老後に受け取る年金は厚みを増します。

一方、パートなどの非正規で働いている場合、働いている時間や日数が、正社員のおおむね4分の3以上あれば、厚生年金に加入します。それより少ない場合は、国民年金に加入します（4分の3未満でも一定の条件を満たせば厚生年金に加入しますが、その数は多くありません。P.97のコラムを参照してください）。

かつて、パートやアルバイトで働く人は、学生のほか、正社員の夫を持つ妻が大半でした。その場合、夫の厚生年金が老後の生活の柱となりました。しかし、今では男女を問わず、家計を支える人が非正規労働者というケースが増えています。そうした人たちの老後保障を支えるには、国民年金だけでは十分ではないという現実があるのです。

また、正社員の4分の3以上働いていて、厚生年金の加入資格があっても勤め先の会社の都合で加入できないケースもあります。会社は、社員を厚生年金に加入させる際には、保険料を半分負担しなければなりません。負担増を嫌がる会社が、違法にもかかわらず、社員を厚生年金に加入させない実態があるのです。

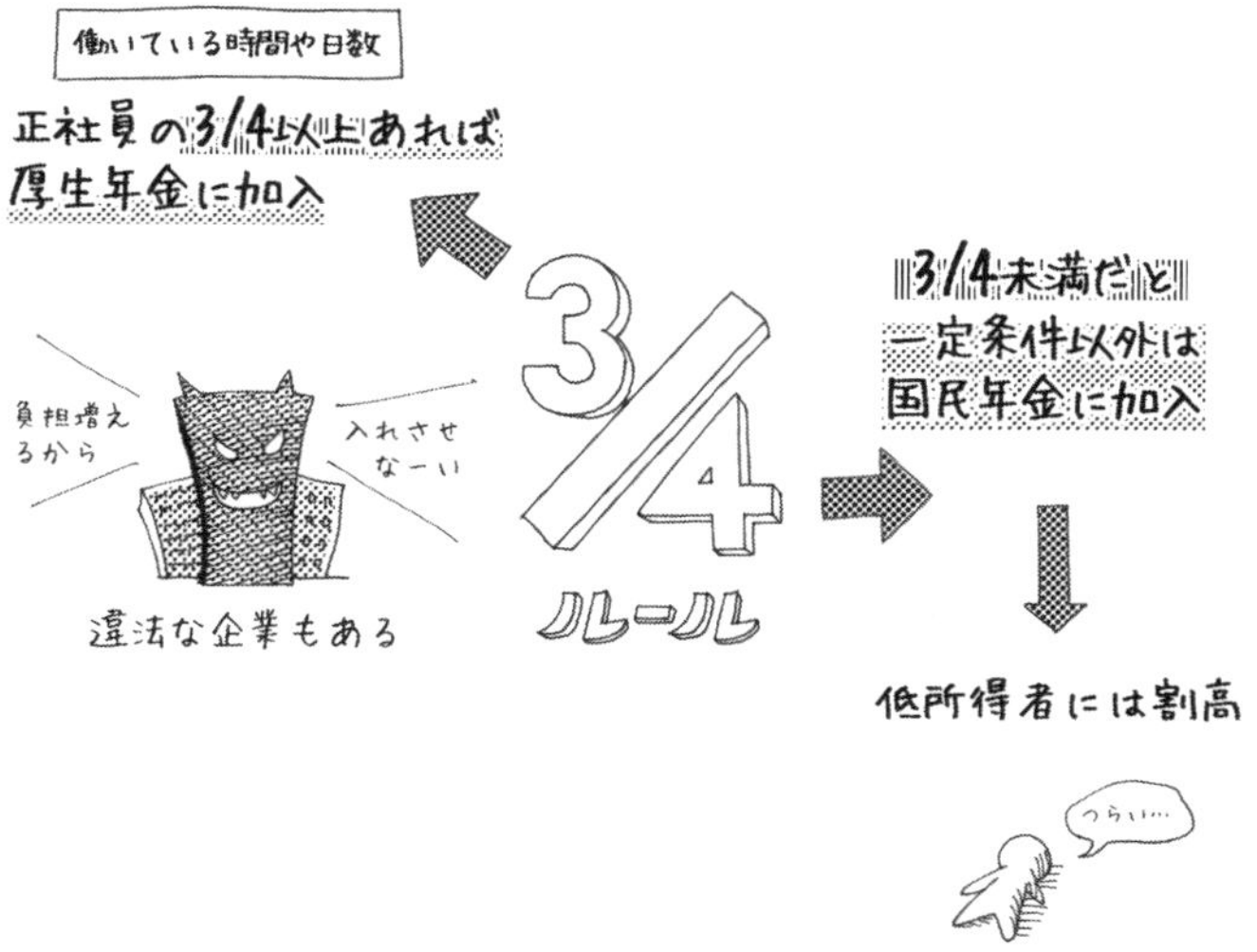

厚生年金に加入できない場合、非正規労働者は国民年金に加入することになります。しかし、国民年金の保険料は定額のため、低所得者にとっては保険料が割高になりがちです。その結果、保険料の未納が目立ち、将来受け取る年金額が低くなったり、場合によっては無年金になったりする恐れもあります。

❸ 医療保険における格差

年金保険制度の「4分の3」ルールは、同じように医療保険制度にも適用されています。つまり、パートなどで働く非正規労働者の場合、働いている時間や日数が正社員のおおむね4分の3以上あれば正社員と同じ健康保険に加入します。それより少ないと、国民健康保険に加入することになります（一定条件を満たせば健康保険に加入します）。

国民健康保険の保険料は、負担能力に応じて課される「応能分」と、受益に応じて等しく課される「応益分」とがあり、応益分は所得の有無にかかわらず発生するため、低所得者には負担が重いといえます。

もともと、国民健康保険の加入者には低所得者が多いことなどもあり、保険料の滞納が目立ち、滞納している人の中には、病気になっても医療機関を受診しないというケースも見受けられます。

年金保険制度にしろ、医療保険制度にしろ、社会保険は、安定的に働いて、保険料を拠出してくれる層がいて初めて成り立つ制度です。拠出に基づく給付を軸とする社会保険方式を維持するには、雇用がしっかりしていること、つまり、すべての人が働き、得た賃金の中から自ら保険料を納め、その対価として給付を受けられることが大切な条件となります。

すべての人が能力を生かして働き、安定した職と生活を得られることは、何も社会保障制度や社会保険方式を維持するためだけではなく、日本の社会が活性化するために不可欠なことです。最近は、劣悪な労働環境の中で労働者を使い捨てにする「ブラック企業」の存在が社会問題化しています。学校を卒業しても働き口がない、あっても「低賃金」「低待遇」など、不安定で劣悪な労働条件の会社だけとなったら、それこそ社会は活気を失ってしまうでしょう。

繰り返しになりますが、世界に誇る国民皆保険・皆年金を軸とした日本の社会保障制度は、安定した雇用が前提条件となります。制度創設時には想像もできなかった雇用環境の激変が社会保障制度にもたらす影響は本当に大きいといえます。社会保険料の支払いを支える雇用という「土台」をしっかりさせるには、景気や経済を良くすることはもちろん、誰もが能力を生かせるような「働き方の見直し」が欠かせません。

コラム

被用者保険の適用拡大は進むか

正社員と同じ被用者でありながら、厚生年金あるいは健康保険といった被用者保険に加入できない非正規労働者の保障を強化し、社会保険における格差をなくそうと、新たな基準を設ける法律（年金機能強化法）が2012年8月に成立しました。働く時間や日数が正社員のおおむね4分の3以上ある人は、被用者保険に適用するほか、4分の3未満でも、次のすべての条件に当てはまる場合は、被用者保険に加入するとしたものです。

- 週20時間以上働いている
- 月額の賃金が8万8,000円以上ある（年収106万円以上）
- 雇用期間の見込みが1年以上
- 従業員が501人以上の企業で働いている
- 学生でない

適用拡大は2016年10月から施行され、約37万人が被用者保険の対象となりました。ただし、週の労働時間が20〜30時間の非正規労働者は約400万人いるといわれるだけに、これで十分とはいえません。

2017年4月からは、労使で合意がなされた場合、従業員500人以下の会社で働く人も加入できるようになりましたが、増加を続ける非正規労働者の生活保障を考えれば、さらなる適用拡大が必要です。

少子高齢化の進行がもたらす問題

社会保障制度が揺らいでいる別の要因として、よくあげられるのが、少子化や高齢化の進行です。

一般に、高齢化率（全人口に占める65歳以上の割合）が7％かそれ以上になった社会のことを「高齢化社会」、14％以上になった社会のことを「高齢社会」と呼びます。日本のように、少子化が進んで若い世代が減る一方、高齢者が長生きするようになった社会では、高齢化が急速に進行します。日本の現在の高齢化率は27％で、世界最高水準です。「超」がついた高齢社会において、高齢化が社会保障制度に与える影響も大きいのです。

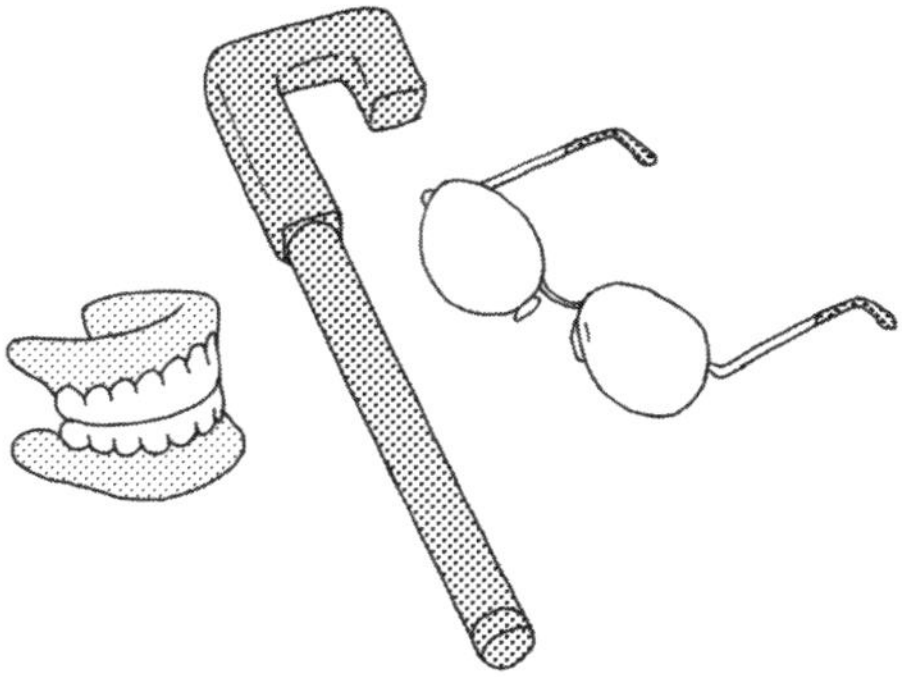

年金制度を例にとって見てみましょう。

日本の年金制度は、20 ～ 59 歳の全国民が保険料を納め、その納付状況に応じて、老後（基本的に 65 歳～）に年金を受け取る仕組みです。若い時に自分が納めた保険料は、積み立てておいて老後に自分のために使う（積立方式）のではなく、同時代に生きる高齢者の年金給付に使われます（賦課方式）。つまり、自分が年を取った時に受け取る年金は、その時代の若い世代の保険料によって賄われるわけです。

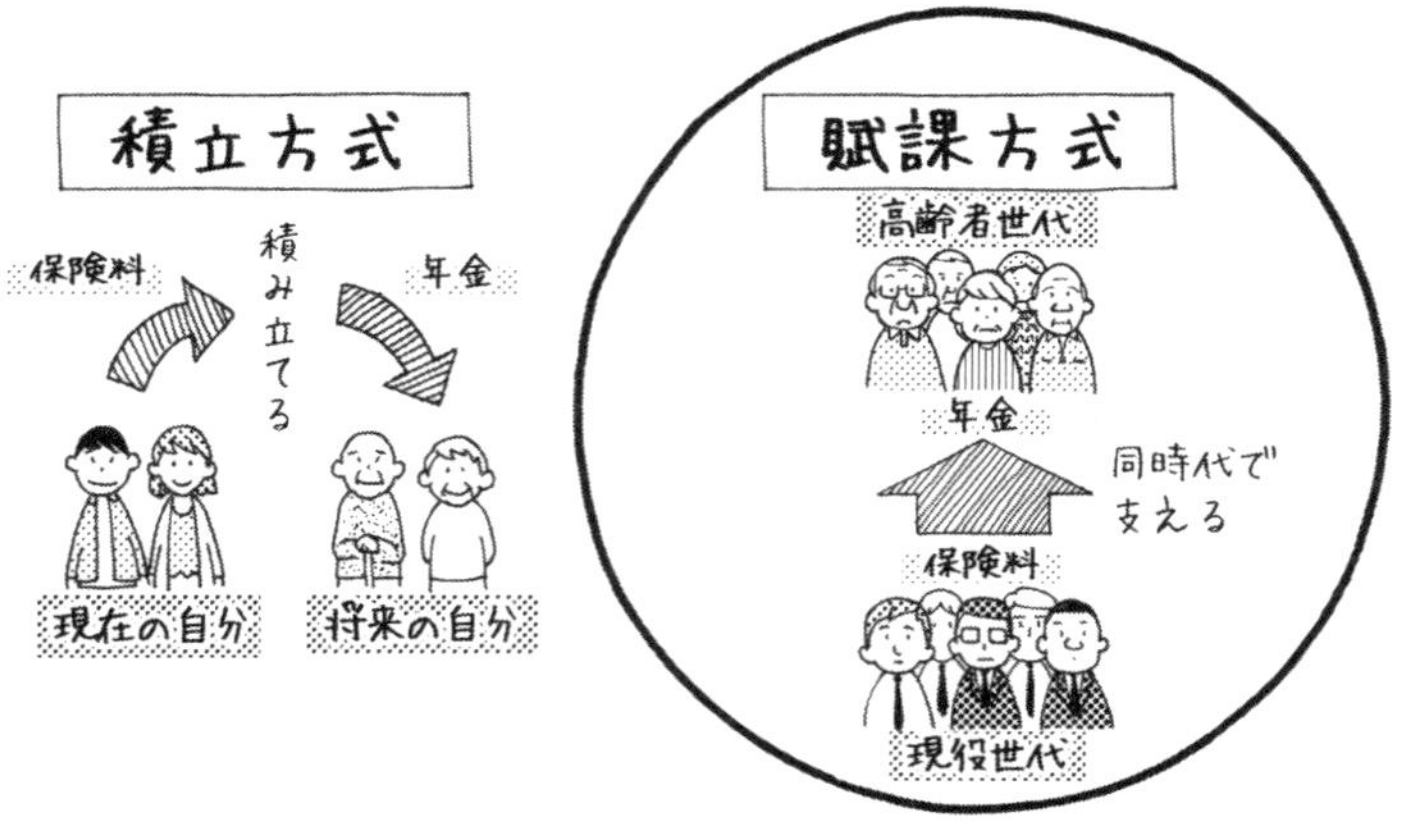

では、少子化や高齢化が進んで、年金を受け取る高齢者が多くなる一方、給付に使われる保険料を納める若い世代が少なくなったら、どうなるのでしょうか。

若い世代の人数が減ると保険料収入も減るため、そのままでは年金の給付水準を低くせざるを得ません。しかし、老後の生活を支える年金の水準を、それほど低くするわけにはいきません。となると、若い世代一人当たりの保険料負担を今より重くする必要があります。

そのため、必要な年金給付を賄うために、若い世代が納める保険料の負担は年々大きくなってきました。しかし、それも限界があります。そこで、2004年に年金制度の大改革が行われ、「保険料水準固定方式」が導入されました。国民年金の保険料額にも、厚生年金の保険料率にも、上限、つまり天井が設けられたのです。

この改革により、「将来どれだけ保険料が上がるのか分からない」という若い世代の不安は払拭されることになりました。ただし、保険料の上限の範囲内で年金の給付は行わなければならないため、給付水準を調節する仕組みも組み込まれました。

こうした制度変更を見ても分かるように、少子化や高齢化は社会保障制度に大きな影響を与えるのです。

2017年に生まれた赤ちゃんの数が、前年に続いて100万人を下回りました。子育て支援の充実で、出生率が多少上向いても、赤ちゃんを産む母親世代の女性の数が減っているため、今すぐ、人口を劇的に増やすことはできません。本格的な人口減少社会に突入した日本で、労働力となる若い世代の人口が減っていくことは、あらゆる分野に影響を及ぼします。社会保障分野でいえば、とりわけ、介護や保育分野の人手の確保をどうするかが大きな問題となっています。

少子高齢化に加えて、「長寿化」が大きな影響をもたらすことも指摘しておきたいと思います。最近、「人生100年時代」という言葉がよく使われるようになりました。現在、7万人近い100歳以上の高齢者は、ピーク時には70万人を超えると推計されています。長生きの人が増えれば、年金の給付額も増えます。認知症になったり、医療や介護が必要となったりする人も増えていきます。人口構造が社会保障に及ぼす影響は、大きいのです。

なお、年金制度に関して、賦課方式は少子化や高齢化の影響を強く受けるから、積立方式に変えた方がよいという議論があります。賦課方式が少子化や高齢化の影響を強く受けるのはその通りですが、少子高齢化で社会全体の生産力が低下した影響は、賦課方式、積立方式いずれも受けるということが、近年の年金経済学の研究で指摘されています。

経済の低迷や財政状況がもたらす問題

経済の低迷も、制度を揺るがす要因としてあげられます。景気が良くて、賃金が右肩上がりに上昇する時代なら、多少、若い世代が減って一人当たりの保険料負担が増えたとしても大きな問題にはなりません。しかし、賃金が伸びず、経済成長が見込めない時代には、個人や企業に負担が重くのしかかってしまいます。

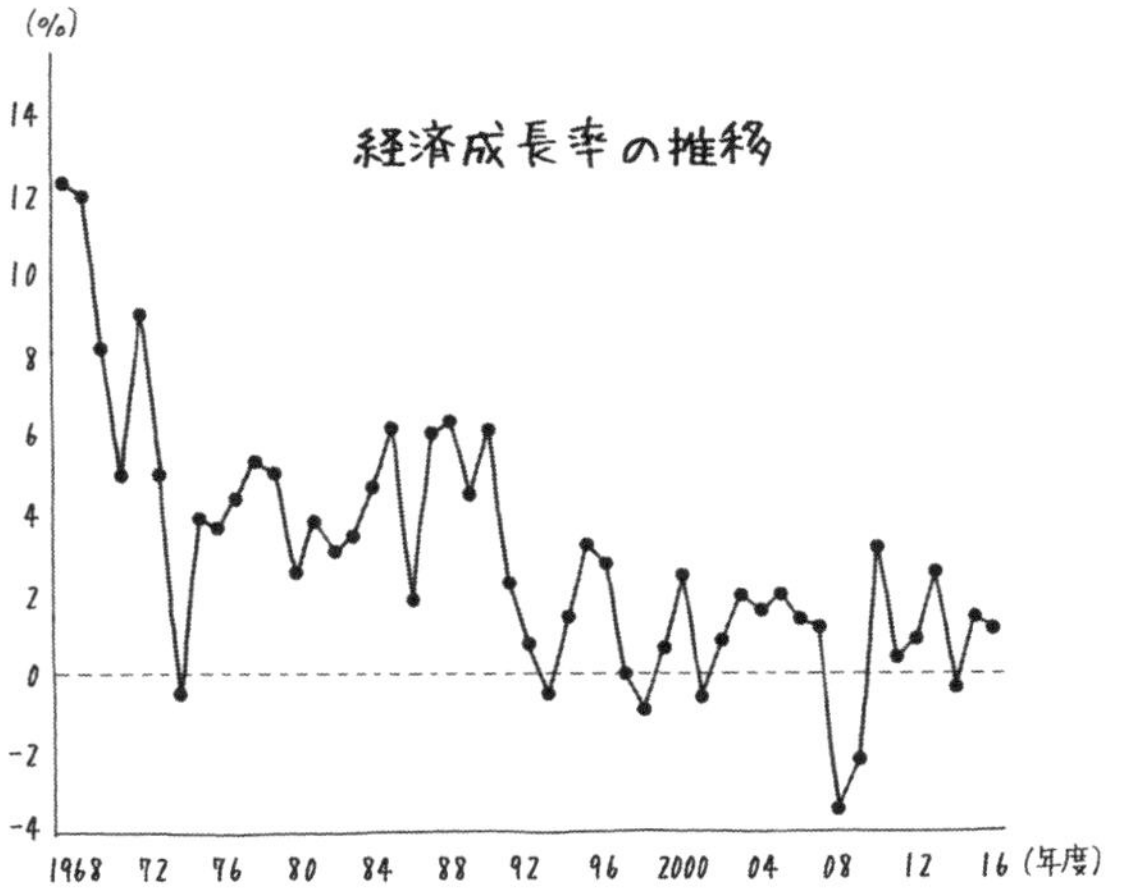

※ 1980年度以前；平成12年版国民経済計算年報（63SNA）、1981～94年度；年報（平成21年度確報、93SNA）、それ以降は2008年SNAによる。

（内閣府資料より作成。参考；社会実績データ図録）

産業構造の転換を図り、AI（人工知能）やロボットなど、新しい技術の力も生かしながら経済成長を維持できるかどうかが、大きな課題となっています。

社会保障制度の持続可能性を考える上で、財政についても大きな問題があります。社会保障の給付に必要なお金は、今や100兆円を超えています。これは日本の国内総生産（GDP）の約2割に相当する大きな額です。給付に要する費用は、団塊世代の高齢化を受け、今後、さらに膨らむ予定です。

社会保障に必要なお金を、保険料と税金で賄えていればよいのですが、現実はそうではありません。そもそも、日本の財政は巨額の赤字を負っており、社会保障の分野も例外ではありません。社会保障の財源の約6割が保険料、残りが税金による公費負担です。しかし、実際には、この公費負担には、税金だけでなく、少なからぬ額の赤字国債、つまり将来世代への借金が含まれています。

負担を先送りしながら給付を続けている状況を改めようと、数年前から「社会保障と税の一体改革」が進められ、消費税増税が実施（2014年4月に、5％から8％に引き上げ）されましたが、10％への引き上げは延期された状態で、まだ実現していません（2019年10月に予定）。

社会保障は「給付」と「負担」のバランスをいかに取るか、が問題です。必要な負担を先送りして、「給付先行」でこれまできてしまった財政の現実を、国民がまずよく知ることが重要だといえます。

国民皆年金・皆保険を守るために

雇用の不安定化、少子高齢化の進行、経済の低迷、赤字を抱える国家財政――さまざまな要因から、揺らいでいるといわれる日本の社会保障制度。制度の揺らぎの要因を見てみれば、年金保険制度一つ、あるいは医療保険制度一つを手直しすれば済む問題ではないということがよく分かります。

では、どうしたらよいのでしょうか。

「安定した職に就ける社会をつくる」「子供を産み育てやすい社会をつくる」「能力と意欲があれば高齢であろうが障害があろうが働いたりボランティアしたりできる社会をつくる」「景気を良くし、新しい産業を育成し、賃上げを目指す」といった政策が重要です。

もちろん、個々の制度の見直しも必要ですが、雇用や子育て支援を充実して、経済を良くする努力を続けることが、安心できる社会保障制度を再構築するためには欠かせません。そのためには、行政に任せるだけでなく、企業やNPOなど、民間の創意工夫や知恵、活力を生かすことが必要です。

今後は、少子化、高齢化、長寿化に加え、単身化、つまり「おひとりさま」の増加も顕著となります。今ある社会保障制度を時代に合った仕組みにどう再構築していくのか。産学官民、それぞれが、それぞれの強みを生かして建設的な改革を提言し、実行することが求められます。

景気改善、新しい産業育成、
給料UP！を目指す
高齢者も障害者も
働いたりボランティアが
できる
子供を生み育てやすい
安定した職に就ける

あとがき

2013年5月に、「YOMIURI ONLINE」上で、コラム「一緒に学ぼう　社会保障のABC」の連載を始めてから約5年が経ちました。この間、社会保障の分野でも、さまざまな動きがありました。

大きな出来事といえば、社会保障財源である消費税が2014年4月に8%に引き上げられたものの、10%への引き上げは延期の状態が続いていること（現時点では、2019年10月に予定されています）、人口減社会がいよいよ現実のものとなり、「子育て支援」や「女性活躍」「働き方改革」などが政府の主要課題になったことなどがあげられます。

「人生100年時代」という言葉もよく耳にするようになりました。総人口が減り続ける中、現在、7万人近い100歳以上の高齢者は今後も増え続け、国の推計では2070年代半ばには70万人を超えるというから驚きます。今後の「ポスト平成」社会を考える時、「長寿化」と「おひとりさま（単身世帯）」の増加への対応は、必ずや考えなければならないことといえるでしょう。

本書の社会保障の解説では、「国民皆保険・皆年金」を重点的に取り上げました。振り返ってみれば、日本の社会保障制度は、戦後、年金や医療を国民みんなに保障し、「安心」という美しい花を咲かせましたが、それは高度経済成長や出生数の増加など、時代の運に助けられた面が強くありました。花の美しさを保ち

続けるには、丈夫な鉢と土（住宅や地域）を用意し、種を蒔き（子育て）、茎を太くする（若者雇用）手入れが常に必要です。しかし、単身化や雇用の非正規化が急速に進む中、手入れは十分とはいえなかったのではないでしょうか。その結果、鉢は欠け、種は芽生えず、茎はやせ細り、枯れる花さえ出てきてしまいました。非正規雇用が多い今の現役世代が年を取る頃には、枯れた花がたくさん出てくるのではないかと心配です。社会保障の持続可能性に限らず、日本の未来そのものが大丈夫かと、ここ数年、本気で心配し始める人が増えてきたように感じます。

しかし、悲観してばかりもいられません。過去を創ってきたのが自分たちなら、未来を創るのも自分たちです。民間では、地域住民が協力して、子どもを貧困や孤食から救う「こども食堂」などの鉢や芽、茎を強くする取り組みが始まっています。

社会保障を「自分事」としてとらえ、再び美しい花が咲くよう、制度を時代に合わせて「進化」させていく——。その取り組みのために、この本が少しでも役に立てたら幸いです。

本書をまとめるにあたり、多くの方々にお世話になりました。特に、社会保障の専門家として知られる堀勝洋さん、堤修三さん、田中耕太郎さんには厚く御礼を申し上げます。コラム連載当時、3人の方々から受けた具体的で的確なアドバイスは、とても参考になりました。出版時にもお世話になりました。

「社会保障について語り合ってみませんか」という呼びかけに応じ、貴重な意見を聞かせてくれた学生たちにも深く感謝します。一人ひとりがとても個性的で、知的好奇心にあふれ、同世代同士の対話を面白がってくれました。はきはきと意見を述べる姿は、見ていて、とても頼もしいものでした。

学生への呼びかけに協力してくださった先生方にも深く感謝します。慶應義塾大学の権丈善一さんは、社会保障政策のみならず社会保障教育推進のスペシャリストで、その知見にはいつも驚嘆させられます。高校で素晴らしい授業を実践している宮崎三喜男さんは、引率がてら1回目の会議に参加し、学生の声を上手に引き出してくださいました。流通経済大学で教える百瀬優さんは若手の気鋭の学者で、2回目の会議に同席してくださり、社会保障の解説でも貴重な指摘をいただきました。

このほか、お名前は控えますが、社内外の何人もの方に大変お世話になりました。感謝と同時に御礼を申し上げます。

社会保障の理念や本質を語る際には『教養としての社会保障』（香取照幸、東洋経済新報社、2017年）など数多くの文献を参考にさせてもらいましたが、制度への理解が不十分な点が多々あるかと思います。皆さまからのご指摘をいただきながら、社会保障のより良い「進化」を実現するために、さらに取材や勉強を重ねていきたいと思います。

最後に、出版にあたり、SCICUS（サイカス）社の落合隆志社長や編集者の坂本陽子さんには大変お世話になりました。ひょんなきっかけで同社から本を出版することになりましたが、新聞社の仕事に追われて出版時期が大幅にずれ込んだにもかかわらず、いつも前向きな姿勢で、たくさんのアイデアを掲げ、支えてくれました。厚く御礼を申し上げます。

2018年5月

猪熊 律子

著者

猪熊 律子(いのくま りつこ)

読売新聞東京本社編集局編集委員。1985年、読売新聞社に入社。地方部、生活情報部などを経て、2014年9月に社会保障部長、2017年9月から編集委員。専門は社会保障。1998～99年、フルブライト奨学生兼読売新聞海外留学生として米国に留学。Stanford大学のジャーナリスト向けプログラム「John S. Knight Journalism Fellowships at Stanford」修了。2009年、早稲田大学大学院法学研究科修士課程修了。好きな物はワイン、映画、旅、歌など。著書に「社会保障のグランドデザイン ― 記者の眼でとらえた『生活保障』構築への新たな視点」(中央法規出版)など。

スタッフ

ブックデザイン……Malpu Design(宮崎 萌美)
装　画……オザワ ミカ
カバー写真……©RYO/a.collectionRF/amanaimages
漫　画……黒丸 恭介
本文写真……読売新聞写真部
本文イラスト……永田 公秀
Malpu Design(宮崎 萌美)
DTP……目崎 征康

プロモーション……小林 詳司
編集担当……坂本 陽子